L'AMI DES ENFANTS

ET

DES ADOLESCENTS

4e SÉRIE GRAND IN-8°.

Propriété des Éditeurs.

BERQUIN

L'AMI DES ENFANTS

ET

DES ADOLESCENTS

OUVRAGE COURONNÉ PAR L'ACADÉMIE FRANÇAISE.

LIMOGES
EUGÈNE ARDANT ET Cie, ÉDITEURS.

NOTICE SUR BERQUIN.

On a peu de renseignements biographiques sur Berquin, et cependant grand nombre de ses contemporains vivent encore. Tout ce qu'on peut apprendre d'eux, c'est qu'on ne pouvait trouver un homme d'un commerce plus agréable, d'une vie plus honnête, d'un caractère plus charmant, d'une modestie plus vraie.

BERQUIN (Armand) naquit à Bordeaux, vers l'an 1749. Sa jeunesse fut calme, studieuse; c'était un enfant docile et charmant, n'ayant d'autre volonté que celle de ses parents ou de ses maîtres, et pas de passion plus vive que celle de l'étude. Il passa dans sa patrie les belles et bonnes années de la jeunesse. Son goût pour les lettres, son désir de s'y dis-

...gues, l'engagèrent à venir à Paris, la vraie patrie des artistes et des poètes. Il avait vingt et un ans quand il publia ses Idylles. Elles sont presque toutes imitées de Gessner, poète allemand, de Wielland, de Métastase. Ces traductions libres attirèrent sur lui l'attention publique, et l'engagèrent, ainsi qu'il le dit lui-même, à cultiver les fruits de son propre fonds; et deux ans plus tard il publia un recueil de romances pleines de sensibilité et de grâce.

En composant des romances, Berquin s'était proposé un but auquel tendent rarement les auteurs de ces sortes de poésies.

« La romance, dit-il, telle que je la conçois, entretenant dans les familles une douce correspondance entre les époux et les pères et les enfants, peut y conserver le goût de l'innocence et de la simplicité, et y ouvrir une ressource assurée aux bonnes mœurs. C'est en partant de cette vue d'utilité sur la romance que j'ai songé à l'étendre un jour sur deux classes trop négligées par nos poètes. Je veux dire les jeunes filles et les enfants. »

On le voit, dès son début Berquin avait deviné sa véritable vocation, celle d'écrire pour la jeunesse; s'il n'avait composé que des romances ou des idylles, il serait sans doute resté fort ignoré ; c'est à ses ouvrages d'éducation qu'il doit la célébrité dont il jouit.

Quelque temps après avoir donné son recueil de romances, il publia l'*Ami des Enfants*. Cette publication n'était pas autre chose qu'un journal paraissant périodiquement par petits cahiers tous les mois. Ce livre eut un grand succès, et l'Académie française lui décerna, en 1784, le prix accordé à l'ouvrage le plus utile aux mœurs. Ce livre, le plus connu de tous ceux de Berquin, n'est pas sans défaut; il en a un très grand à nos yeux, celui d'être trop long. C'était un journal, un journal avec des abonnés; et tant qu'il eut pour lui la faveur publique, son unique rédacteur et propriétaire ne songea pas à y mettre un terme. Si Berquin avait voulu faire un livre, il n'est pas douteux qu'il eût été plus difficile sur le choix des sujets, et bien moins long dans la manière de les traiter. L'*Ami des Enfants* contient aussi des petits contes d'une naïveté vraiment trop puérile, et quelques drames qui ne sont pas à la portée de l'intelligence des enfants : nous avons dans cette édition supprimé les uns et les autres, convaincu que l'ouvrage ne pourrait que gagner à ces suppressions.

Outre l'*Ami des Enfants*, Berquin publia divers ouvrages ayant pour titres : *Lecture pour les Enfants*, l'*Ami de l'Adolescence*, l'*Introduction familière à la connaissance de la Nature* (traduction libre de l'anglais, de miss Trimmer), *Sandfort et Merton*, le *Petit Grandisson*, *Bibliothèque des Villages*, le *Livre de Famille*, les *Historiettes pour les petits Enfants*, les *Tableaux anglais*.

Ces divers ouvrages sont écrits avec facilité, le

style en est correct et fleuri, la morale douce et facile : plusieurs ne sont que des traductions ou des imitations; dans tous Berquin a su répandre les sentiments religieux et honnêtes dont son âme était remplie.

On a donné à Berquin le nom de son ouvrage principal; on l'appelle communément l'*Ami des Enfants*. Titre charmant et doux qu'il méritait bien, car il aimait ses enfants avec passion; il se plaisait dans leur compagnie, il y passait des heures, des journées entières; il partageait leurs jeux, leur racontait avec une grâce et une bonhomie charmante des historiettes où la morale et la vertu trouvaient toujours leur place.

L'AMI DES ENFANTS

ET DES ADOLESCENTS.

LE PETIT FRÈRE.

Fanchette s'était un jour levée de grand matin pour aller cueillir des fleurs, et en porter un bouquet à sa mère dans son lit; comme elle se disposait à descendre, son père entra dans sa chambre en souriant, la prit dans ses bras, et lui dit : Bonjour, ma chère Fanchette, viens vite avec moi, je veux te montrer quelque chose qui te fera sûrement plaisir.

— Et quoi donc, mon papa? lui demanda-t-elle avec empressement.

— Dieu t'a fait présent cette nuit d'un petit frère, lui répondit-il.

— Un petit frère ? ah! où est-il? Voyons! menez-moi à lui, je vous prie.

Son père ouvrit la porte de la chambre où sa mère était couchée. Il y avait à côté du lit une femme étrangère que Fanchette n'avait pas encore vue dans la maison, et qui enveloppait le nouveau-né dans ses langes.

Ce furent alors mille et mille questions de la part de

la petite fille. Son père y répondit de son mieux; et il croyait avoir satisfait à tout, lorsque Fanchette lui dit: Mon papa, qui est cette vieille femme? comme elle ballotte mon petit frère! ne craignez-vous pas qu'elle ne lui fasse du mal?

— Oh! non, sois tranquille. C'est une bonne femme que j'ai envoyé chercher pour avoir soin de lui.

— Mais il appartient à maman. L'a-t-elle déjà vu?

MADAME DE GENSAC, *entr'ouvrant le rideau de son lit.* Oui, Fanchette, je l'ai vu. Et toi, es-tu bien aise de le voir?

— Oh! fort aise, maman. C'est un très joli petit camarade que vous me donnez. Mon papa, voulez-vous le laisser jouer avec moi?

— Cela n'est pas possible, il ne peut pas se tenir sur ses pieds. Vois-tu comme ils sont faibles?

— Ah! mon Dieu! les petits pieds! je vois que nous ne pourrons pas courir de longtemps ensemble.

— Patience! il faut qu'il apprenne d'abord à marcher; et ensuite vous pourrez gambader tous les deux dans le jardin.

— Est-il vrai? O mon pauvre petit! il faut que je te donne quelque chose pour t'accoutumer à m'aimer. Tiens, j'ai dans ma poche une image, prends-la. Mon papa, qu'est-ce donc? il ne veut pas la prendre; il tient ses petites mains fermées.

— Il ne sait pas encore l'usage qu'il peut en faire. Il faut attendre quelques mois.

— A la bonne heure. Je te donnerai tous mes joujoux. Eh bien! cela te fait-il plaisir? réponds-moi donc! Il me semble qu'il sourit. Appelle-moi Fanchette, Fanchette. Est-ce que tu ne veux pas parler?

— Il ne parlera que dans deux ans. Mais toi, prends garde d'étourdir ta mère de ton caquet.

— Ah! mon papa! voilà son visage tout bouleversé, il pleure; apparemment qu'il a faim. Doucement, monsieur, je vais vous chercher quelques friandises.

— Ne te mets pas en peine de sa nourriture. Il n'a pas de dents ; comment pourrait-il manger ?

— Il ne peut pas manger! De quoi vivra-t-il donc? est-ce qu'il va mourir?

MADAME DE GENSAC. Non, ma fille. Dieu a mis du lait dans mon sein pour en nourrir ton petit frère. Il est encore bien faible; mais dans quelque mois, tu verras, il se roulera à terre comme un petit agneau.

— Qu'il me tarde de le voir comme cela! Mais voyez donc, mon papa, la mignonne tête. Je n'ose pas y toucher.

— Tu peux y toucher, mais bien doucement.

— Oh! bien doucement. Mon Dieu, qu'elle est molle! c'est comme du coton.

— La tête de tous les petits enfants est comme celle de ton frère.

— S'il venait à tomber, il se la romprait en mille pièces.

MADAME DE GENSAC. Sûrement. Mais nous aurons bien soin de le tenir, pour qu'il ne tombe pas.

M. DE GENSAC. Sais-tu bien, Fanchette, qu'il y a cinq ans tu étais aussi petite?

— Moi, j'ai été comme cela? Vous vous moquez, mon papa.

— Non, non; rien de plus vrai.

— Je ne m'en souviens pas, pourtant.

— Je le crois. Te souviens-tu du temps où j'ai fait tapisser cette chambre?

— Elle a toujours été comme elle est.

— Point du tout ; je l'ai fait tapisser dans un temps où tu étais aussi petite que ton frère.

— Eh bien! je ne m'en suis pas aperçue.

— Les petits enfants ne voient rien de ce qui se passe autour d'eux. Lorsque ton frère sera à ton âge, demande-lui s'il se souvient que tu aies voulu lui apprendre aujourd'hui à prononcer ton nom? Tu verras s'il se le rappelle.

— J'ai donc pris du lait de maman?

— Sans doute. Si tu savais toutes les peines qu'elle s'est données pour toi! tu étais si faible que tu ne pouvais rien prendre; nous craignions à tout moment de te voir mourir. Ta mère disait : Ma pauvre enfant, si elle allait tomber en faiblesse! Et elle a eu une peine infinie à te faire sucer quelques gouttes de lait.

— Ah! ma chère maman, c'est donc vous qui m'avez appris à me nourrir?

— Oui, ma fille. Après que ta mère eut réussi à te faire prendre de toi-même la première nourriture, tu devins grasse et réjouie. Pendant près de deux ans, ce furent tous les jours et à toutes les heures du jour les mêmes soins. Quelquefois, lorsque ta mère s'était endormie de fatigue, tu troublais son sommeil par tes cris. Il fallait qu'elle se levât pour courir à ton berceau et te présenter son sein.

— J'ai donc eu la tête aussi faible que celle de mon frère?

— Aussi faible, ma fille.

— Moi qui l'ai si dure à présent! Mon Dieu, j'aurais dû me la casser mille fois.

Nous avons eu pour toi tant d'attentions! Ta mère a renoncé pour un temps à tous les plaisirs; elle a négligé toutes ses sociétés, pour ne pas te perdre un seul instant de vue. Lorsqu'elle était obligée de sortir pour des devoirs et des affaires indispensables, elle était toujours dans les transes. Ma chère Gothon, disait-elle à ta gouvernante, je vous recommande Fanchette comme votre propre enfant. Et elle lui faisait continuellement des cadeaux pour l'engager à te soigner avec plus de vigilance.

— Ah! ma bonne maman! Mais, mon papa, est-ce qu'il y a eu un temps où je ne savais pas courir? je cours si bien à présent! Voyez, en trois pas je suis au bout de la chambre. Qui est-ce donc qui me l'a appris?

— Ta mère et moi, nous t'avions mis autour de la tête un bandeau de velours bien rembourré, afin que, si tu venais à tomber, tu ne te fisses pas de mal ; nous te tenions par des lisières pour aider tes premiers pas ; nous allions tous les jours dans le jardin sur la pièce de gazon, et là, nous plaçant vis-à-vis l'un de l'autre, à une petite distance, nous te posions toute seule debout au milieu, et nous te tendions les bras, pour t'inviter à venir tantôt à l'un tantôt à l'autre. Le plus léger faux pas que tu faisais nous tournait le sang. C'est à force de répéter ces exercices que nous t'avons appris à marcher.

— Je n'aurais jamais cru vous avoir donné tant de peines. Est-ce vous aussi qui m'avez enseigné à parler ?

— C'est nous encore. Je te prenais sur mes genoux, et je répétais les mots de papa et de maman, jusqu'à ce que tu fusses en état de me les bégayer. Tous les mots que tu sais aujourd'hui, c'est nous qui te les avons appris de la même manière ; tu dois te souvenir que c'est nous aussi qui t'avons montré à lire.

— Oh ! je me le rappelle à merveille. Vous me faisiez mettre à table entre vous deux. On nous apportait au dessert une assiette pleine de raisins secs, et de petits carrés où il y avait des lettres moulées. Lorsque j'avais bien réussi à les nommer, vous me donniez quelques grains de raisin.

— Si nous n'avions pas pris tous ces soins de toi, si nous t'avions abandonnée à toi-même, que serais-tu devenue ?

— Il y a bien longtemps que je serais morte. Oh ! le bon papa, la bonne maman que vous êtes !

— Et cependant tu donnes quelquefois du chagrin à ton papa, tu es désobéissante envers ta maman !

— Je ne le serai plus de ma vie ; je ne savais pas tout ce que vous aviez fait pour moi.

— Remarque bien les soins que nous allons avoir.

pour ton frère, et dis en toi-même : Et moi aussi, j'ai donné autant de peine à mes parents.

Cet entretien fit une vive impression sur Fanchette; et lorsqu'elle voyait toute la tendresse que sa mère montrait à son petit frère, toutes les inquiétudes qui l'agitaient sur sa santé, toute la patience qu'il lui fallait pour lui faire prendre sa nourriture, combien elle était affligée lorsqu'elle entendait ses cris, avec quel empressement son père la soulageait d'une partie des soins, comme l'un et l'autre se fatiguaient pour apprendre à l'enfant à marcher et à parler, elle se disait dans son cœur : Mes chers parents ont pris les mêmes peines pour moi. Ces réflexions lui inspirèrent tant de tendresse et de reconnaissance pour eux, qu'elle observa fidèlement la promesse qu'elle leur avait faite de ne leur causer jamais volontairement aucun chagrin.

LES QUATRE SAISONS.

Ah! si l'hiver pouvait durer toujours! disait le petit Fleuri au retour d'une course de traîneaux, en s'amusant dans le jardin à former des hommes de neige. M. Gombault, son père, l'entendit, et lui dit : Mon fils, tu me ferais plaisir d'écrire ce souhait sur mes tablettes. Fleuri l'écrivit d'une main tremblante de froid.

L'hiver s'écoula, et le printemps survint.

Fleuri se promenait avec son père le long d'une plate-bande où fleurissaient des jacinthes, des auricules et des narcisses. Il était transporté de joie en respirant leur parfum et en admirant leur fraîcheur et leur éclat.

— Ce sont les productions du printemps, lui dit

M. Gombault : elles sont brillantes, mais d'une bien courte durée.

— Ah! répondit Fleuri, si c'était toujours le printemps!

— Voudrais-tu bien écrire ce souhait sur mes tablettes? Fleuri l'écrivit en tressaillant de joie.

Le printemps fut bientôt remplacé par l'été.

Fleuri, dans un beau jour, alla se promener, avec ses parents et quelques compagnons de son âge, dans un village voisin. Ils trouvaient sur la route tantôt des blés verdoyants qu'un vent léger faisait rouler en ondes comme une mer doucement agitée, tantôt des prairies émaillées de mille fleurs. Ils voyaient de tous côtés bondir de jeunes agneaux, et des poulains pleins de feu faire mille gambades autour de leurs mères. Ils mangèrent des cerises, des fraises et d'autres fruits de la saison, et ils passèrent la journée entière à s'ébattre dans les champs.

— N'est-il pas vrai, Fleuri, lui dit M. Gombault en s'en retournant à la ville, que l'été a aussi ses plaisirs?

— Oh! répondit-il, je voudrais qu'il durât toute l'année! Et, à la prière de son père, il écrivit encore ce souhait sur ses tablettes.

Enfin l'automne arriva.

Toute la famille alla passer un jour en vendanges : il ne faisait pas tout-à-fait si chaud que dans l'été; l'air était doux et le ciel serein; les ceps de vigne étaient chargés de grappes noires, ou d'un jaune d'or; les melons rebondis, étalés sur des couches, répandaient une odeur délicieuse; les branches des arbres courbaient sous le poids des plus beaux fruits. Ce fut un jour de régal pour Fleuri, qui n'aimait rien tant que les raisins, les melons et les figues. Il avait encore le plaisir de les cueillir lui-même.

— Ce beau temps, lui dit son père, va bientôt passer : l'hiver s'achemine à grands pas vers nous pour rappeler l'automne.

— Ah ! répondit Fleuri, je voudrais bien qu'il restât en chemin, et que l'automne ne nous quittât jamais.

— En serais-tu bien content, Fleuri ?

— Oh ! très content, mon papa, je vous en réponds.

— Mais, repartit son père en tirant ses tablettes de sa poche, regarde un peu ce qui est écrit ici. Lis tout haut.

FLEURI *lit* : « Ah ! si l'hiver pouvait durer toujours ! »

M. GOMBAULT. Voyons à présent quelques feuillets plus loin.

FLEURI *lit* : « Si c'était toujours le printemps ! »

M. GOMBAULT. Et sur ce feuillet-ci, que trouvons-nous ?

FLEURI *lit* : « Je voudrais que l'été durât toute l'année ! »

M. GOMBAULT. Reconnais-tu la main qui a écrit tout cela ?

— C'est la mienne.

— Et que viens-tu de souhaiter à l'instant même ?

FLEURI. « Que l'hiver s'arrêtât en chemin, et que l'automne ne nous quittât jamais. »

M. GOMBAULT. Voilà qui est assez singulier. Dans l'hiver, tu souhaitais que ce fût toujours l'hiver ; dans le printemps, que ce fût toujours le printemps ; dans l'été, que ce fût toujours l'été ; et tu souhaites aujourd'hui, dans l'automne, que ce soit toujours l'automne. Songes-tu bien à ce qui résulte de cela ?

— Que toutes les saisons de l'année sont bonnes.

— Oui, mon fils, elles sont toutes fécondes en richesses et en plaisirs ; et Dieu s'entend bien mieux que nous, esprits limités que nous sommes, à gouverner la nature.

S'il n'avait tenu qu'à toi, l'hiver dernier, nous n'aurions plus eu ni printemps, ni été, ni automne. Tu aurais couvert la terre d'une neige éternelle, et tu n'aurais jamais eu d'autres plaisirs que de courir sur des traîneaux et de faire des hommes de neige. De combien d'autres jouissances n'aurais-tu pas été privé par cet arrangement!

Nous sommes heureux de ce qu'il n'est point en notre pouvoir de régler le cours de la nature. Tout serait perdu pour notre bonheur si nos vœux téméraires étaient exaucés.

LA NEIGE.

Après plusieurs annonces trompeuses de son retour, le printemps était enfin arrivé. Il soufflait un vent doux qui réchauffait les airs. On voyait la neige se fondre, les gazons reverdir, et les fleurs percer la terre : on n'entendait que le chant des oiseaux. La petite Louise était déjà allée à la campagne avec son père. Elle avait entendu les premières chansons des pinsons et des merles, et elle avait cueilli les premières violettes. Mais le temps changea encore une fois. Il s'éleva tout-à-coup un vent du nord violent, qui sifflait dans la forêt, et couvrait les chemins de neige. La petite Louise entra toute tremblottante dans son lit, en remerciant Dieu de lui avoir donné un gîte si doux, à l'abri des injures de l'air.

Le lendemain matin, lorsqu'elle se leva, ah! tout, tout était blanchi. Il était tombé pendant la nuit une si grande quantité de neige, que les passants en avaient jusqu'aux genoux. Louise en fut attristée. Les petits oiseaux le paraissaient bien davantage. Comme toute la terre était couverte à une grande épaisseur, ils ne pouvaient trouver aucun grain, aucun vermisseau pour apaiser leur faim.

Tous les habitants emplumés des forêts se réfugiaient

dans les villes et dans les villages, pour chercher des secours auprès des hommes. Des troupes nombreuses de moineaux, de linottes, de pinsons et d'alouettes s'abattaient dans les chemins et dans les cours des maisons, et furetaient des pattes et du bec dans les amas de débris, afin d'y trouver quelque nourriture.

Il vint près d'une cinquantaine de ces hôtes dans la cour de la maison de Louise. Louise les vit, et elle entra toute affligée dans la chambre de son père. Qu'as-tu donc, ma fille? lui dit-il. Ah! mon papa, lui répondit-elle, ils sont tous là dans la cour, ces pauvres oiseaux qui chantaient si joyeusement il n'y a que deux jours. Ils semblent transis de froid, et ils demandent de quoi manger. Voulez-vous me permettre de leur donner un peu de grain?

— Bien volontiers, lui dit son père. Louise n'en attendit pas davantage. La grange était de l'autre côté du chemin : elle y courut avec sa bonne chercher des poignées de millet et de chenevis, qu'elle vint ensuite répandre dans la cour. Les oiseaux voltigeaient par troupes autour d'elle, et cherchaient le moindre petit grain. Louise s'occupait à les regarder et elle en était toute réjouie. Elle alla chercher son père et sa mère pour venir aussi les regarder, et se réjouir avec elle.

Mais ces poignées de grains furent bientôt dévorées. Les oiseaux s'envolèrent sur les bords des toits, et ils regardaient Louise d'un air triste, comme s'ils avaient voulu lui dire : N'as-tu rien de plus à nous donner?

Louise comprit leur langage. Elle part aussitôt comme un trait, et court chercher de nouveaux grains. En traversant le chemin, elle rencontra un petit garçon qui n'avait pas, à beaucoup près, un cœur aussi compatissant que le sien. Il portait à la main une cage pleine d'oiseaux, et il la secouait si rudement, que les pauvres petits allaient à tout moment donner de la tête contre les barreaux.

Cela fit de la peine à Louise. — Que veux-tu faire

de ces oiseaux? demanda-t-elle au petit garçon. — Je n'en sais rien encore, répondit-il. Je vais chercher à les vendre; et si personne ne veut les acheter, j'en régalerai mon chat.

— Ton chat? répliqua Louise; ton chat? ah! le méchant enfant!

— Oh! ce ne serait pas les premiers qu'il aurait croqués tout vifs. Et en balançant sa cage comme une escarpolette, il allait s'éloigner à grands pas.

Louise l'arrêta, et lui demanda combien il voulait de ses oiseaux. — Je les donnerai tous à un liard la pièce; il y en a dix-huit.

— Eh bien je les prends, dit Louise. Elle se fit suivre du petit garçon, et courut demander à son père la permission d'acheter ces oiseaux. Son père y consentit avec plaisir; il céda même à sa fille une chambre vide pour y loger ses hôtes.

Jacquot (ainsi s'appelait le méchant garçon) se retira fort content de son marché; et il alla dire à tous ses camarades qu'il connaissait une petite demoiselle qui achetait les oiseaux.

Au bout de quelques heures, il se présenta tant de petits paysans à la porte de Louise, qu'on eût dit que c'était l'entrée du marché. Ils se pressaient tous autour d'elle, sautant l'un au-dessus de l'autre, et soulevant des deux mains leurs cages, pour lui demander la préférence chacun en faveur de ses oiseaux.

Louise acheta tous ceux qui lui étaient présentés, et les porta dans la chambre où étaient les premiers.

La nuit vint. Il y avait bien longtemps que Louise ne s'était mise au lit avec un cœur aussi satisfait. Ne suis-je pas bien heureuse, se disait-elle, d'avoir pu sauver la vie à tant d'innocentes créatures et de pouvoir les nourrir? Lorsque l'été viendra, j'irai dans les champs et dans les forêts; tous mes petits hôtes chanteront leurs plus jolies chansons pour me remercier des soins que j'aurai eus pour eux. Elle s'endormit sur cette réflexion, et elle rêva qu'elle était dans une forêt de la plus belle verdure. Tous les arbres étaient couverts d'oiseaux qui voltigeaient sur les branches en gazouillant, ou qui nourrissaient leurs petits : et Louise souriait dans son sommeil.

Elle se leva de bonne heure, pour aller donner à manger à ses petits hôtes dans la volière et dans la cour; mais elle ne fut pas aussi contente ce jour-là qu'elle l'avait été la veille. Elle savait le compte de l'argent qu'elle avait mis dans sa bourse, et il ne devait plus lui en rester beaucoup. Si ce temps de neige dure encore quelques jours, dit-elle, que vont devenir les autres oiseaux? Les méchants petits garçons vont les donner tout vifs à leur chat ; et faute d'un peu d'argent, je ne pourrai pas les sauver.

Dans ces tristes pensées, elle tire lentement sa bourse pour compter encore son petit trésor. Mais quel est son étonnement de la trouver si lourde ! Elle l'ouvre, et la voit pleine de pièces de monnaie de toute valeur, mêlées et confondues ensemble : il y en avait jusqu'aux cordons. Elle court vite à son père, et lui raconte, avec des transports de surprise et de joie, ce qui vient de lui arriver.

Son père la prit contre son cœur, l'embrassa, et laissa couler ses larmes sur les joues de Louise. Ma chère fille, lui dit-il, tu ne m'as jamais donné tant de satisfaction que dans ce moment. Continue de soulager les créatures qui souffrent ; à mesure que ta bourse s'épuisera, tu la verras se remplir.

Quelle joie pour Louise! Elle courut dans la volière, ayant son tablier plein de chenevis et de millet. Tous les oiseaux voltigeaient autour d'elle, en regardant leur déjeuner d'un œil d'appétit. Elle descendit ensuite dans la cour, et offrit un ample repas aux oiseaux affamés.

Elle se voyait alors près de cent pensionnaires qu'elle nourrissait. C'était un plaisir, un plaisir jamais ses poupées ni ses joujoux ne lui en avaient tan donné.

L'après-midi, en mettant la main dans le sac de chenevis, elle trouva ces paroles écrites dans un billet : « Les habitants de l'air volent vers vous, Seigneur, et » vous leur donnez la nourriture ; vous étendez la » main, et vous rassasiez de vos bienfaits tout ce qui » respire. » Son père l'avait suivie. Elle se tourne vers lui, et lui dit : Je suis donc à présent comme Dieu : les habitants de l'air volent vers moi, et lorsque j'étends la main, je les rassasie de mes bienfaits ?

— Oui, ma fille, lui répondit son père ; toutes les fois que tu fais du bien à quelques créatures, tu es comme Dieu. Quand tu seras plus grande, tu pourras secourir tes semblables, comme tu secours aujourd'hui les oiseaux ; et tu ressembleras alors à Dieu bien davantage. Ah ! quel bonheur pour l'homme lorsqu'il peut agir comme Dieu!

Pendant huit jours, Louise étendit sa main, et rassasia tout ce qui avait faim autour d'elle. Enfin la neige se fondit, les champs reprirent leur verdure, et les oiseaux, qui n'avaient pas osé s'écarter de la maison, tournèrent leurs ailes vers la forêt.

Mais ceux qui étaient dans la volière y restaient renfermés. Ils voyaient le soleil, volaient contre la fenêtre, becquetaient les vitrages. C'était en vain ; leur prison était trop forte pour eux : Louise n'imaginait pas encore leur peine.

Un jour qu'elle leur apportait leur provision, son père entra quelques moments après elle. Ma chère Louise, lui dit-il, pourquoi ces oiseaux ont-ils l'air si inquiet ? il semble qu'ils désirent quelque chose. N'auraient-ils pas laissé dans les champs des compagnons qu'ils seraient bien aises de revoir ?

— Vous avez raison, mon papa ; ils me semblent tristes depuis que les beaux jours sont revenus. Je vais ouvrir la fenêtre, et les laisser envoler.

— Je pense que tu ne ferais pas mal; tu répandrais la joie dans tout le pays. Ces petits prisonniers iraient trouver leurs amis, et ils voleraient au-devant d'eux, comme tu cours au-devant de moi lorsque j'ai été quelque temps absent de la maison.

Il n'avait pas fini de parler, que déjà toutes les fenêtres étaient ouvertes, et en deux minutes il ne resta pas un seul oiseau dans la chambre.

Louise allait tous les jours se promener à la campagne; de tous côtés elle voyait ou elle entendait des oiseaux; et lorsqu'elle en entendait quelqu'un se distinguer par son ramage, Louise disait : Voilà un de mes pensionnaires; on connaît à sa voix qu'il a été bien nourri cet hiver.

AMAND.

Un pauvre manœuvre, nommé Bertrand, avait six enfants en bas âge, et il se trouvait fort embarrassé pour les nourrir. Pour surcroît de malheur, l'année fut stérile, et le pain se vendait une fois plus cher que l'an passé. Bertrand travaillait jour et nuit : malgré ses sueurs, il lui était impossible de gagner assez d'argent pour rassasier du plus mauvais pain ses enfants affamés. Il était dans une extrême désolation. Il appelle un jour sa petite famille, et, les yeux pleins de larmes, il lui dit : « Mes chers enfants, le pain est devenu si cher qu'avec tout mon travail je ne peux gagner assez pour vous nourrir. Vous le voyez : il faut que je paie le morceau de pain que voici du produit de toute ma journée. Il faut donc vous contenter de partager avec moi le peu que je m'en serai procuré; il n'y en aura certainement pas assez pour vous rassasier; mais du moins il y aura de quoi vous empêcher de mourir de faim. » Le pauvre homme ne put en dire davantage ; il leva les yeux vers le ciel, et se mit à pleurer. Ses enfants pleuraient aussi, et chacun disait en lui-même : Mon Dieu, venez à notre secours, pauvres petits malheureux que nous sommes ! Assistez notre père, et ne nous laissez pas mourir de faim.

Bertrand partagea son pain en sept portions égales : il en garda une pour lui, et distribua les autres à chacun de ses enfants. Mais un d'entre eux, qui s'appelait Amand, refusa de recevoir la sienne, et dit : « Je ne peux rien prendre, mon père ; je me sens malade, mangez ma portion ou partagez-la entre les autres. — Mon pauvre enfant, qu'as-tu donc? lui dit Bertrand en le prenant dans ses bras. — Je suis malade, répondit Amand, très malade : je veux aller me coucher. » Bertrand le porta dans son lit; et, le lendemain au matin, accablé de tristesse, il alla chez un médecin, et le pria de venir, par charité, voir son fils, et de le secourir.

Le médecin, qui était un homme pieux, se rendit chez Bertrand, quoiqu'il fût bien sûr de n'être pas payé de ses visites. Il s'approche du lit d'Amand, lui tâte le pouls ; mais il ne peut y trouver aucun symptôme de maladie ; il lui trouva cependant une grande faiblesse, et pour le ranimer il voulut lui prescrire une potion. Ne m'ordonnez rien, Monsieur, lui dit Amand ; je ne prendrais pas ce que vous m'ordonneriez.

— Tu ne le prendrais pas ! et pourquoi donc, s'il te plaît ?

— Ne me le demandez pas, Monsieur, je ne peux pas vous le dire.

— Et qui t'en empêche, mon enfant? Tu me parais un petit garçon bien obstiné.

— Monsieur le médecin, ce n'est pas obstination, je vous assure.

— A la bonne heure ; je ne veux pas te contraindre

mais je vais le demander à ton père, qui ne sera peut-être pas si mystérieux.

— Ah! je vous en prie, Monsieur, que mon père n'en sache rien.

— Tu es un enfant incompréhensible! Mais il faut absolument que j'en instruise ton père, puisque tu ne veux pas me l'avouer.

— Mon Dieu, Monsieur, gardez-vous-en bien : je vais vous le dire; mais auparavant, faites sortir, je vous prie, mes frères et mes sœurs.

Le médecin ordonna aux enfants de se retirer; et alors Amand lui dit : « Hélas! Monsieur, dans un temps si dur, mon père ne gagne qu'avec bien de la peine de quoi acheter un mauvais pain; il le partage entre nous; chacun n'en peut avoir qu'un petit morceau, et il n'en veut presque rien garder pour lui-même. Cela me fait de la peine de voir mes petits frères et mes petites sœurs endurer la faim. Je suis l'aîné; j'ai plus de force qu'eux; j'aime mieux ne pas manger pour qu'ils puissent partager ma portion. C'est pour cela que j'ai fait semblant d'être malade et de ne pouvoir pas manger; mais que mon père n'en sache rien, je vous prie. » Le médecin essuya ses yeux, et lui dit : « Mais toi, n'as-tu pas faim, mon cher ami? — Pardonnez-moi, j'ai bien faim; mais cela ne me fait pas tant de mal que de les voir souffrir.

— Mais tu mourras bientôt, si tu ne te nourris pas.

— Je le sens bien, Monsieur; mais je mourrai de bon cœur : mon père aura une bouche de moins à remplir, et lorsque je serai auprès du bon Dieu, je le prierai de donner à manger à mes petits frères et à mes petites sœurs. »

L'honnête médecin était hors de lui-même d'attendrissement et d'admiration, en entendant ainsi parler ce généreux enfant. Il le prit dans ses bras, le serra contre son cœur, et lui dit : « Non, mon cher ami, tu ne mourras pas. Dieu, notre père à tous, aura soin de toi et de ta famille : Rends-lui grâce de ce qu'il m'a conduit ici ; je reviendrai bientôt. » Il courut à sa maison, chargea un de ses domestiques de toutes sortes de provisions, et revint aussitôt avec lui vers Amand et ses frères affamés. Il les fit tous mettre à table, et leur donna à manger jusqu'à ce qu'ils fussent rassasiés. C'était un spectacle ravissant pour le bon médecin de voir la joie de ces innocentes créatures. En sortant, il dit à Amand de ne pas se mettre en peine, et qu'il pourvoirait à leurs nécessités. Il observa fidèlement sa promesse ; il leur faisait passer tous les jours abondamment de quoi se nourrir. D'autres personnes charitables, à qui il raconta cette aventure, imitèrent sa bienfaisance. Les uns envoyaient des provisions, les autres de l'argent, ceux-là des habits et du linge : en sorte que, peu de jours après, la petite famille eut au-delà de tous ses besoins.

Aussitôt que le prince fut instruit de ce que le brave petit Amand avait fait pour son père et pour ses frères, plein d'admiration pour tant de générosité, il envoya chercher Bertrand, et lui dit : « Vous avez un enfant admirable, je veux être aussi son père ; j'ai ordonné qu'on vous donnât en mon nom une pension de cent écus. Amand et tous vos autres enfants seront élevés à mes frais dans le métier qu'ils voudront choisir, et, s'ils savent en profiter, j'aurai soin de leur fortune. »

Bertrand s'en retourna chez lui enivré de joie, et s'étant jeté à genoux, il remercia Dieu de lui avoir donné un si digne enfant.

CLÉMENTINE ET MADELON.

Avant que le soleil s'élevât sur l'horizon pour éclairer la plus belle matinée du printemps, la jeune Clémentine était descendue dans le jardin de son père, afin de mieux goûter le plaisir de déjeuner en parcourant ses longues allées. Tout ce qui peut ajouter au charme qu'on éprouve dans ces premières heures du jour se réunissait pour elle en ce moment. Le souffle pur du zéphir portait dans tous ses sens la fraîcheur et le calme. Son goût était flatté de la douceur des friandises qu'elle savourait ; son œil, du tendre éclat de la verdure renaissante ; son odorat, du parfum balsamique de mille fleurs : et pour que son oreille ne fût pas seule sans plaisirs, deux rossignols allèrent se percher près de là sur le sommet d'un berceau de verdure pour la réjouir de leurs chansons de l'aurore. Clémentine était si transportée de toutes ces sensations délicieuses, que des larmes baignaient ses yeux, sans s'échapper cependant de sa paupière. Son cœur, agité d'une douce émotion, était pénétré de sentiments de tendresse et de bienfaisance. Tout-à-coup elle fut interrompue dans son agréable rêverie par le bruit des pas d'une petite fille qui s'avançait vers la même allée, en mordant, de grand appétit, dans un morceau de pain bis.

Comme elle venait aussi dans le jardin pour se récréer, ses regards erraient sans objet autour d'elle ; en sorte qu'elle arriva près de Clémentine sans l'avoir aperçue. Dès qu'elle la reconnut, elle s'arrêta tout court un moment, baissa les yeux vers la terre, puis comme une biche effarouchée, et non moins légère, elle retourna précipitamment sur ses pas. Arrête ! arrête ! lui cria Clémentine ; attends-moi donc, attends-moi ; pourquoi te sauver ? Ces paroles faisaient fuir encore plus vite la petite sauvage.

Clémentine se mit à la poursuivre ; mais, comme elle était moins exercée à la course, il ne lui fut pas possible de l'atteindre. Heureusement la petite fille avait pris un détour, et l'allée où se trouvait Clémentine allait directement aboutir à la porte du jardin. Clémentine, aussi avisée que jolie, se glisse doucement le long de la charmille épaisse qui formait la bordure de l'allée, et elle arrive au dernier buisson à l'instant même où la petite fille était prête à le dépasser. Elle la saisit à l'improviste, en lui criant : Te voilà ma prisonnière! Oh! je te tiens! il n'y a plus moyen de te sauver.

La petite fille se débattait pour se débarrasser de ses mains. Ne fais donc pas la méchante, lui dit Clémentine; si tu savais le bien que je te veux, tu ne serais pas si farouche. Viens, ma chère enfant, viens un moment avec moi. Ces paroles d'amitié, et plus encore le son flatteur de la voix qui les prononçait, rassurèrent la petite fille; et elle suivit Clémentine dans un cabinet de verdure voisin.

— As-tu encore ton père? lui dit Clémentine en l'obligeant de s'asseoir auprès d'elle.

MADELON. Oui, mamselle.

CLÉMENTINE. Et que fait-il?

MADELON. Toute sorte de métiers pour gagner sa vie. Il vient aujourd'hui travailler à votre jardin, et il m'a menée avec lui.

CLÉMENTINE. Ah! je le vois là-bas, dans le carré de laitues. C'est le gros Thomas. Mais que manges-tu à ton déjeuner? Voyons, que je goûte ton pain. Ah! mon Dieu! il me déchire le gosier. Pourquoi ton père ne t'en donne-t-il pas de meilleur?

MADELON. C'est qu'il n'a pas autant d'argent que votre papa.

CLÉMENTINE. Mais il en gagne par son travail; et il pourrait bien te donner du pain blanc, ou quelque chose pour faire passer celui-ci.

MADELON. Oui, si j'étais sa seule enfant; mais nous sommes cinq, qui mangeons de bon appétit. Et puis l'un a besoin d'une camisole, l'autre d'une jacquette. Ça fait tourner la tête à mon père, qui dit quelquefois :

J'aurai beau travailler, jamais je ne gagnerai assez pour nourrir et vêtir toute cette marmaille.

CLÉMENTINE. Tu n'as donc jamais mangé de confitures ?

MADELON. Des confitures ? Qu'est-ce que c'est que ça ?

CLÉMENTINE. Tiens, en voici sur mon pain.

MADELON. Je n'en avais jamais vu de ma vie.

CLÉMENTINE. Goûtes-en un peu. Ne crains rien ; tu vois bien que j'en mange.

MADELON, *avec transport*. Ah! mamselle, que c'est bon !

CLÉMENTINE. Je le crois, ma chère enfant ; comment t'appelles-tu ?

MADELON, *se levant et lui faisant une révérence*. Madelon, pour vous servir.

CLÉMENTINE. Eh bien! ma chère Madelon, attends-moi ici un moment. Je vais demander quelque chose pour toi à ma bonne, et je reviens aussitôt. Ne t'en va pas, au moins.

MADELON. Oh! je n'ai plus peur de vous!

Clémentine courut chez sa bonne, et la pria de lui donner encore des confitures pour en faire goûter à une petite fille qui n'avait que du pain sec pour déjeuner. La bonne se réjouit de la bienfaisance de son aimable élève. Elle lui en donna dans une tasse, avec un petit pain mollet; et Clémentine se mit à courir de toutes ses jambes avec le déjeuner de Madelon.

— Eh bien! lui dit-elle en arrivant, t'ai-je fait longtemps attendre? Tiens, ma chère enfant, prends donc. Laisse là ton pain noir, tu en mangeras assez une autre fois.

MADELON, *goûtant la confiture, et passant sa langue sur ses lèvres*. C'est comme du sucre. Je n'avais jamais rien mangé de si doux.

CLÉMENTINE. Je suis charmée que tu le trouves bon. J'étais bien sûre que cela te ferait plaisir.

MADELON. Comment! vous en mangez tous les jours ? Nous ne connaissons pas ça, nous, pauvres gens.

CLÉMENTINE. J'en suis assez fâchée. Écoute ; viens me voir de temps en temps, je t'en donnerai. Mais comme tu as l'air de te bien porter ? N'es-tu jamais malade ?

MADELON. Malade ? moi ? jamais.

CLÉMENTINE. N'as-tu jamais de rhume ? N'es-tu jamais enchifrenée ?

MADELON. Qu'est-ce que c'est que ce mal ?

CLÉMENTINE. C'est lorsqu'il faut tousser et se moucher sans cesse.

MADELON. Oh! ça m'arrive quelquefois ; mais ce ne sont pas des maladies.

CLÉMENTINE. Et alors te fait-on rester au lit ?

MADELON. Ha! ha! ma mère ferait un beau train, si je m'avisais de faire la paresseuse.

CLÉMENTINE. Mais qu'as-tu à faire ? Tu es si petite!

MADELON. Ne faut-il pas aller, dans l'hiver, ramasser du chardon pour notre âne, et du bois pour la marmite ? Ne faut-il pas, dans l'été, sarcler les blés, ou glaner ? cueillir les pommes et les raisins dans l'automne ? Ah! mamselle, ce n'est pas l'ouvrage qui nous manque.

CLÉMENTINE. Et tes sœurs se portent-elles aussi bien que toi ?

MADELON. Nous sommes toutes éveillées comme des souris.

CLÉMENTINE. Ah! j'en suis bien aise! J'étais d'abord fâchée que Dieu semblât ne s'être pas embarrassé de tant de pauvres enfants ; mais puisque vous avez la santé, je vois bien qu'il ne vous a pas oubliés. Je me porte bien aussi, quoique je ne sois pas sûrement aussi robuste que toi. Mais, ma chère enfant, tu vas nu-pieds ; pourquoi ne mets-tu pas de chaussure ?

MADELON. C'est qu'il en coûterait trop d'argent à

mon père s'il fallait qu'il nous en donnât à tous; et il n'en donne à aucun.

CLÉMENTINE. Et ne crains-tu pas de te blesser?

MADELON. Je n'y fais seulement pas attention. Le bon Dieu m'a cousu des semelles sous la plante des pieds.

CLÉMENTINE. Je ne voudrais pas te prêter les miens. Mais d'où vient que tu ne manges plus?

MADELON. Nous nous sommes amusées à habiller, et il faut que j'aille ramasser de l'herbe. Il est bientôt huit heures. Notre bourrique attend son déjeuner.

CLÉMENTINE. Eh bien! emporte le reste de ton pain. Attends un peu. Je vais en ôter la mie, tu mettras la confiture dans le creux.

MADELON. Je vais le porter à ma plus jeune sœur. Oh! elle ne fera pas la petite bouche, celle-là! Elle n'en laissera pas une miette, quand elle aura commencé à le lécher.

CLÉMENTINE. Je t'en aime davantage d'avoir pensé à ta petite sœur.

MADELON. Je n'ai rien de bon sans lui en donner. Adieu, mamselle.

CLÉMENTINE. Adieu, Madelon. Mais souviens-toi de revenir demain à la même heure.

MADELON. Pourvu que ma mère ne m'envoie pas ailleurs, je me garderai bien d'y manquer.

Clémentine avait goûté la douceur qu'on sent à faire le bien. Elle se promena quelque temps encore dans le jardin, en pensant au plaisir qu'elle avait donné à Madelon, à la joie qu'aurait sa petite sœur de manger des confitures.

— Que sera-ce donc, se disait-elle, quand je lui donnerai des rubans et un collier! Maman m'en a donné l'autre jour d'assez jolis; mais la fantaisie m'en est déjà passée. Je chercherai dans mon armoire quelques chiffons pour la parer. Nous sommes de même taille; mes robes lui iront à ravir. Oh! qu'il me tarde de la voir bien ajustée!

Le lendemain Madelon se glissa encore dans le jardin. Clémentine lui donna des gâteaux qu'elle avait achetés pour elle.

Madelon ne manqua pas d'y revenir tous les jours. Clémentine ne songeait qu'à lui donner de nouvelles friandises. Lorsque ses épargnes n'y suffisaient pas, elle priait sa maman de lui faire donner quelque chose de l'office, et sa mère y consentait avec plaisir.

Il arriva cependant un jour que Clémentine reçut une réponse affligeante. Elle priait sa mère de lui faire une petite avance sur ses pensions de la semaine, pour acheter des bas et des souliers à Madelon, afin qu'elle n'allât plus nu-pieds. Non, ma chère Clémentine, lui répondit sa mère.

— Et pourquoi donc, maman?

— Je te dirai à table ce qui me fait désirer que tu sois un peu moins prodigue envers ta favorite.

Clémentine fut surprise de ce refus. Elle n'avait jamais tant soupiré que ce jour-là après l'heure du dîner. Enfin on se mit à table.

Le repas était déjà fort avancé, sans que sa mère lui eût dit la moindre des choses qui eût trait à Madelon. Enfin un plat de chevrettes qu'on servit fournit à madame d'Alençay l'occasion d'entamer ainsi l'entretien.

MADAME D'ALENÇAY. Ah! voilà le mets favori de ma Clémentine, n'est-il pas vrai? Je suis bien aise qu'on nous en ait servi aujourd'hui.

CLÉMENTINE. Oui, maman, j'aime beaucoup les chevrettes; et voici la saison où elles sont excellentes.

MADAME D'ALENÇAY. Je suis sûre que Madelon les trouverait encore meilleures que toi.

CLÉMENTINE. Ah! ma chère Madelon! je crois qu'elle n'en a jamais vu. Si elle apercevait seulement ces longues moustaches, elle en aurait une peur, une peur! je la vois d'ici s'enfuir à toutes jambes. Maman, si vous vouliez me le permettre, je serais bien curieuse de voir la mine qu'elle ferait. Tenez, rien que deux pour elle, quand ce seraient les plus petites.

MADAME D'ALENÇAY. J'ai de la peine à t'accorder ce que tu me demandes.

CLÉMENTINE. Et pourquoi donc, maman, vous qui faites du bien à tant de monde? Je vous ai aussi demandé ce matin un peu d'argent pour acheter des bas et des souliers à Madelon, et vous m'avez refusée. Il faut que Madelon vous ait fâchée. Est-ce qu'elle aurait fait quelque dégât dans le jardin? Oh! je me charge de la gronder.

MADAME D'ALENÇAY. Non, ma chère Clémentine, Madelon ne m'a point fâchée. Mais veux-tu, par ta bienfaisance envers elle, faire son bonheur ou son malheur?

CLÉMENTINE. Son bonheur, maman. Dieu me garde de vouloir la rendre malheureuse!

MADAME D'ALENÇAY. Je voudrais aussi de tout mon cœur la voir plus fortunée, puisqu'elle a su mériter ton attachement. Mais est-il bien vrai, Clémentine, qu'elle mange son pain tout sec à déjeuner?

CLÉMENTINE. C'est bien vrai, maman. Je ne voudrais pas vous tromper.

MADAME D'ALENÇAY. Comment! elle s'en est contentée jusqu'à présent?

CLÉMENTINE. Mon Dieu, oui! Et quand ce serait de la frangipane, je ne la mangerais pas avec plus de plaisir qu'elle ne mange son pain bis.

MADAME D'ALENÇAY. Il me paraît qu'elle a bon appétit. Mais je ne puis me persuader qu'elle aille nu-pieds.

CLÉMENTINE. C'est toujours nu-pieds que je l'ai vue. Demandez au jardinier.

MADAME D'ALENÇAY. Elle se les met donc tout en sang lorsqu'elle marche sur le sable et sur les cailloux?

CLÉMENTINE. Point du tout. Elle court dans le jardin comme une biche; et elle dit en riant que le bon

Dieu lui a cousu une paire de semelles sous les pieds.

MADAME D'ALENÇAY. Je sais que tu n'es pas menteuse ; mais je t'avoue que j'ai bien de la peine à croire ce que tu me dis. Je voudrais bien voir les grimaces que ferait ma Clémentine en mangeant du pain bis tout sec, sans beurre ni confitures.

CLÉMENTINE. Oh! je sens qu'il me resterait au gosier.

MADAME D'ALENÇAY. Je ne serais pas moins curieuse de voir comment elle s'y prendrait pour aller nu-pieds.

CLÉMENTINE. Tenez, maman, ne vous fâchez pas ; mais hier je voulus l'essayer. Étant dans le jardin, je tirai mes souliers et mes bas pour marcher pieds nus. Je les sentais tout meurtris, et cependant je continuai d'aller. Je rencontrai un tesson. Aye! cela me fit tant de mal que je retournai tout doucement reprendre ma chaussure, et je me promis bien de ne plus marcher les pieds nus. Ma pauvre Madelon! elle est cependant ainsi toute l'été.

MADAME D'ALENÇAY. Mais d'où vient donc que tu ne peux manger du pain sec ni aller nu-pieds comme elle ?

CLÉMENTINE. C'est peut-être que je n'y suis pas accoutumée.

MADAME D'ALENÇAY. Mais si elle s'accoutume, comme toi, à manger des friandises et à être bien chaussée, et qu'ensuite le pain sec lui répugne, et qu'elle ne puisse plus aller nu-pieds sans se blesser, croiras-tu lui avoir rendu un grand service ?

CLÉMENTINE. Non, maman ; mais je veux faire en sorte que de toute sa vie elle ne soit plus réduite à cet état.

MADAME D'ALENÇAY. Voilà un sentiment généreux : et tes épargnes te suffiront-elles pour cela ?

CLÉMENTINE. Oui, bien, maman, si vous voulez y ajouter tant soit peu.

MADAME D'ALENÇAY. Tu sais que mon cœur ne se refuse jamais à secourir un malheureux, lorsque l'occasion s'en présente. Mais Madelon est-elle la seule enfant que tu connaisses dans le besoin ?

CLÉMENTINE. J'en connais bien d'autres encore. Il y en a deux surtout, ici près dans le village, qui n'ont ni père ni mère.

MADAME D'ALENÇAY. Et qui, sans doute, auraient bien besoin de secours ?

CLÉMENTINE. Oh ! oui, maman.

MADAME D'ALENÇAY. Mais si tu donnes tout à Madelon, si tu la nourris de biscuits et de confitures, en laissant les autres mourir de faim, y aura-t-il bien de la justice et de l'humanité dans cet arrangement ?

CLÉMENTINE. De temps en temps je pourrai leur donner quelque chose ; mais j'aime Madelon par-dessus tout.

MADAME D'ALENÇAY. Si tu venais à mourir, et que Madelon se fût accoutumée à avoir toutes ses aises...

CLÉMENTINE. Je suis bien sûre qu'elle pleurerait ma mort.

MADAME D'ALENÇAY. J'en suis persuadée. Mais la voilà qui retomberait dans l'indigence ; il faudrait peut-être qu'elle fît des choses honteuses pour continuer de se bien nourrir et de se bien parer. Qui serait alors coupable de sa perte ?

CLÉMENTINE, *tristement*. Moi, maman. Ainsi donc, il faut que je ne lui donne plus rien ?

MADAME D'ALENÇAY. Ce n'est pas ma pensée. Je crois cependant que tu ferais bien de lui donner plus rarement de bons morceaux, et de lui faire plutôt le cadeau d'un bon vêtement.

CLÉMENTINE. J'y avais pensé. Je lui donnerai, si vous voulez, quelqu'une de mes robes.

MADAME D'ALENÇAY. J'imagine que ton fourreau de satin rose lui siérait à merveille, surtout sans chaussure.

CLÉMENTINE. Bon! tout le monde la montrerait au doigt. Comment donc faire?

MADAME D'ALENÇAY. Si j'étais à ta place, j'économiserais pendant quelque temps sur mes plaisirs; et lorsque j'aurais ramassé un peu d'argent, je l'emploierais à lui acheter ce qu'elle aurait de plus nécessaire. L'étoffe dont les enfants des pauvres s'habillent n'est pas bien coûteuse.

Clémentine suivit le conseil de sa mère. Madelon vint la trouver plus rarement à l'heure de son déjeuner; mais Clémentine lui faisait d'autres cadeaux plus utiles. Tantôt elle lui donnait un tablier, tantôt un cotillon, et elle payait ses mois d'école chez le magister du village pour qu'elle achevât de se perfectionner dans la lecture.

Madelon fut si touchée de ces bienfaits, qu'elle s'attacha de jour en jour plus tendrement à Clémentine. Elle venait souvent la trouver, et lui disait : Auriez-vous quelque commission à me donner? pourrais-je faire quelque ouvrage pour vous? Et lorsque Clémentine lui donnait l'occasion de lui rendre quelque léger service, il aurait fallu voir la joie avec laquelle Madelon s'empressait de l'obliger.

Elle s'était rendue un jour à la porte du jardin de Clémentine, pour attendre qu'elle y descendît, mais Clémentine n'y descendit point. Madelon y revint une seconde fois, mais elle ne vit point Clémentine. Elle y retourna deux jours de suite : Clémentine ne paraissait point.

La pauvre Madelon était désolée de ne plus voir sa bienfaitrice. Ah! disait-elle, est-ce qu'elle ne m'aime plus? Je l'aurai peut-être fâchée sans le vouloir. Au moins, si je savais en quoi, je lui en demanderais pardon. Je ne pourrais pas vivre sans l'aimer.

La femme de chambre de madame d'Alençay sortit en ce moment. Madelon l'arrêta.

— Où donc est mamselle Clémentine? lui demanda-t-elle.

— Mademoiselle Clémentine? répondit la femme de chambre; elle n'a peut-être pas longtemps à vivre. Je la crois à toute extrémité. Elle a la petite vérole.

— O Dieu! s'écria Madelon, je ne veux pas qu'elle meure!

Elle court aussitôt vers l'escalier, monte à la chambre de madame d'Alençay: Madame, lui dit-elle, par pitié dites-moi où est mamselle Clémentine; je veux la voir. Madame d'Alençay voulut retenir Madelon; mais elle avait aperçu, par la porte entr'ouverte, le lit de Clémentine, et elle était déjà à son côté.

Clémentine était dans les agitations d'une fièvre violente. Elle était seule et bien triste; car toutes ses petites amies l'avaient abandonnée.

Madelon saisit sa main en pleurant, la serra dans les siennes, et lui dit: Ah! mon Dieu, comme vous voilà! Je resterai le jour et la nuit auprès de vous; je vous veillerai, je vous servirai; me le permettez-vous? Clémentine lui serra la main, et lui fit comprendre qu'elle lui ferait plaisir de demeurer auprès d'elle.

Voilà donc Madelon devenue, par le consentement de madame d'Alençay, la garde de Clémentine. Elle s'acquittait à merveille de son emploi. On lui avait dressé une couchette à côté du lit de la petite malade; elle était sans cesse auprès d'elle. A la moindre plainte que laissait échapper Clémentine, Madelon se levait pour lui demander ce qu'elle avait. Elle lui présentait elle-même les remèdes prescrits par le médecin. Tantôt elle allait cueillir du jonc pour faire, sous ses yeux, de petits paniers et de fort jolies corbeilles; tantôt elle bouleversait toute la bibliothèque de madame d'Alençay pour lui trouver quelques estampes dans ses livres. Elle cherchait dans son imagination tout ce qui était capable d'amuser Clémentine et de la distraire de ses souffrances. Clémentine eut les yeux fermés de boutons pendant près de huit jours. Ce temps lui paraissait bien long; mais Madelon lui faisait des histoires de tout le village : et comme elle avait bien su profiter de ses leçons, elle lui lisait tout ce qui pouvait la réjouir. Elle lui adressait aussi de temps en temps des consolations touchantes. Un peu de patience, lui disait-elle, le bon Dieu aura pitié de vous, comme vous avez eu pitié de moi. Elle pleurait à ces mots; puis séchant aussitôt ses larmes : Voulez-vous, pour vous réjouir, que je vous chante une jolie chanson? Clémentine n'avait qu'à faire un signe, et Madelon lui chantait toutes les chansons qu'elle avait apprises des petits bergers d'alentour. Le temps se passait de la sorte sans que Clémentine éprouvât trop d'ennui.

Enfin sa santé se rétablit peu à peu: ses yeux se rouvrirent, son accablement se dissipa, ses boutons séchèrent, et l'appétit lui revint.

Elle avait le visage encore tout couvert de rougeurs. Madelon semblait ne la regarder qu'avec plus de plaisir, en songeant au danger qu'elle avait couru de la perdre. Clémentine, de son côté, s'attendrissait aussi en la regardant. Comment pourrais-je, lui disait-elle, te payer, selon mon cœur, de tout ce que tu as fait pour moi? Elle demandait à sa maman de quelle manière elle pourrait récompenser sa tendre et fidèle gardienne. Madame d'Alençay, qui ne se possédait pas de joie de voir sa chère enfant rendue à la vie après une maladie si dangereuse, lui répondit : Laisse-moi faire, je me charge de nous acquitter l'une et l'autre envers elle.

Elle fit faire secrètement pour Madelon un habillement complet. Clémentine se chargea de le lui essayer le premier jour où il lui serait permis de descendre dans le jardin. Ce fut un jour de fête dans toute la maison. Madame d'Alençay et tous ses gens étaient enivrés d'allégresse du rétablissement de Clémentine. Clémentine était transportée du plaisir de pouvoir récompenser Madelon; et Madelon ne se possédait pas de joie de revoir Clémentine dans les lieux où avait commencé leur connaissance, et encore de se trouver toute habillée de neuf de la tête aux pieds.

JOSEPH.

Il y avait à Bordeaux un fou qu'on nommait Joseph. Il ne sortait jamais sans avoir cinq ou six perruques entassées sur sa tête, et autant de manchons passés dans chacun de ses bras. Quoique son esprit fût dérangé, il n'était point méchant, et il fallait le harceler longtemps pour le mettre en colère. Lorsqu'il passait dans les rues, il sortait de toutes les maisons des petits garçons malicieux, qui le suivaient en criant : Joseph! Joseph! combien veux-tu vendre tes manchons et tes perruques? Il y en avait même d'assez méchants pour lui jeter des pierres. Joseph supportait ordinairement avec douceur toutes ces insultes : cependant il était quelquefois si tourmenté qu'il entrait en fureur, prenait des cailloux ou des poignées de boue, et les jetait aux polissons.

Ce combat se livra un jour devant la maison de M. Desprez. Le bruit l'attira à la fenêtre. Il vit avec douleur que son fils Henri était engagé dans la mêlée. A peine s'en fut-il aperçu, qu'il referma la croisée et passa dans une autre pièce de son appartement.

Lorsqu'on se mit à table, M. Desprez dit à son fils : Quel était cet homme après qui tu courais en poussant des cris?

HENRI. Vous le connaissez bien, mon papa; c'est ce fou qu'on appelle Joseph.

M. DESPREZ. Le pauvre homme! Qui peut lui avoir causé ce malheur?

HENRI. On dit que c'est un procès pour un riche héritage. Il a eu tant de chagrin de le perdre, qu'il en a perdu aussi l'esprit.

M. DESPREZ. Si tu l'avais connu au moment où il fut dépouillé de cet héritage, et qu'il t'eût dit les larmes aux yeux : « Mon cher Henri, je suis bien malheureux; on vient de m'enlever un héritage dont je jouissais paisiblement. Tous mes biens ont été consumés par les frais de procédure ; je n'ai plus ni maison de campagne ni maison à la ville, il ne me reste rien » ; est-ce que tu te serais moqué de lui ?

HENRI. Dieu m'en préserve! qui peut être assez méchant pour se moquer d'un homme malheureux? J'aurais bien plutôt cherché à le consoler.

M. DESPREZ. Est-il plus heureux aujourd'hui, qu'il a aussi perdu l'esprit?

HENRI. Au contraire, il est bien plus à plaindre.

M. DESPREZ. Et cependant aujourd'hui tu insultes et tu jettes des pierres à un malheureux que tu aurais cherché à consoler lorsqu'il était beaucoup moins à plaindre.

HENRI. Mon cher papa, j'ai mal fait ; pardonnez-le-moi.

M. DESPREZ. Je veux bien te pardonner, pourvu que tu t'en repentes. Mais mon pardon ne suffit pas; il y a quelqu'un à qui tu dois encore le demander.

HENRI. C'est apparemment Joseph.

M. DESPREZ. Et pourquoi donc Joseph?

HENRI. Parce que je l'ai offensé.

M. DESPREZ. Si Joseph avait conservé son bon sens, c'est bien à lui que tu devrais demander pardon de ton offense; mais comme il n'est pas en état de comprendre ce que tu lui demanderais par ton pardon, il est inutile de t'adresser à lui. Tu crois cependant qu'on est obligé de demander pardon à ceux que l'on a offensés?

HENRI. Vous me l'avez appris, mon papa.

M. DESPREZ. Et sais-tu qui nous a commandé d'avoir de la pitié pour les malheureux?

HENRI. C'est Dieu.

M. DESPREZ. Cependant tu n'as point montré de pitié pour le pauvre Joseph ; au contraire, tu as augmenté son malheur par tes insultes. Crois-tu que cette conduite n'ait pas offensé Dieu?

HENRI. Oui, je le reconnais, et je veux lui en demander pardon ce soir dans ma prière.

Henri tint parole; il se repentit de sa méchanceté, et il en demanda le soir pardon à Dieu du fond de son cœur. Et non-seulement il laissa Joseph tranquille pendant quelques semaines, mais il empêcha aussi quelques-uns de ses camarades de l'insulter.

Malgré ces belles résolutions, il lui arriva un jour de se mêler dans la foule des polissons qui le poursuivaient. Ce n'était, à la vérité, que par pure curiosité, et seulement pour voir les niches qu'on faisait à ce pauvre homme. De temps en temps il lui échappait de crier comme les autres : Joseph ! Joseph! Peu à peu il se trouva le premier de la bande; en sorte que Joseph, impatienté de toutes ces huées, s'étant retourné tout-à-coup, et ayant ramassé une grosse pierre, la lui jeta avec tant de raideur, qu'elle lui frôla la joue et lui emporta un bout d'oreille.

Henri rentra chez son père tout ensanglanté et jetant de hauts cris. — C'est une juste punition de Dieu, lui dit M. Desprez. — Mais, lui répondit Henri, pourquoi ai-je été tout seul maltraité, tandis que mes camarades qui lui faisaient beaucoup plus de malices n'ont pas été punis? — Cela vient, lui répliqua son père, de ce que tu connaissais mieux que les autres le mal que tu faisais, et que par conséquent ton offense était plus criminelle. Il est juste qu'un enfant instruit des ordres de Dieu et de son père soit doublement puni lorsqu'il a l'indignité de les enfreindre.

LE FORGERON.

M. de Cremy, passant vers minuit devant l'atelier d'un pauvre forgeron, entendit les coups redoublés de son marteau. Il voulut savoir ce qui le retenait si tard à l'ouvrage, et s'il ne pouvait gagner sa vie du labeur de sa journée sans le prolonger si avant dans la nuit.

— Ce n'est pas pour moi que je travaille, répondit le forgeron, c'est pour un de mes voisins qui a eu le malheur d'être incendié. Je me lève deux heures plus tôt et je me couche deux heures plus tard tous les jours, afin de donner à ce pauvre malheureux de faibles marques de mon attachement. Si je possédais quelque chose, je le partagerais avec lui; mais je n'ai que mon enclume, et je ne puis la vendre, car c'est elle qui me fait vivre. En la frappant chaque jour quatre heures de plus qu'à l'ordinaire, cela fait par semaine la valeur de deux journées dont je puis céder le produit. Dieu merci, la besogne ne manque pas dans cette saison; et quand on a des bras, il faut bien les faire servir à secourir son prochain.

— Voilà qui est généreux de votre part, mon enfant, lui dit M. de Cremy; car, selon toute apparence, votre voisin ne pourra jamais vous rendre ce que vous lui donnez.

— Hélas! Monsieur, je le crains pour lui plus que pour moi; mais je suis bien sûr qu'il en ferait autant si j'étais à sa place.

M. de Cremy ne voulut pas le détourner plus longtemps de ses occupations; et lui ayant souhaité une bonne nuit, il le quitta. Le lendemain, ayant tiré de ses épargnes une somme de six cents livres, il la porta chez le forgeron, dont il voulait récompenser la bienfaisance, afin qu'il pût tirer son fer de la première main, entreprendre de plus grands ouvrages, et mettre ainsi en réserve quelques deniers du fruit de son travail pour les jours de sa vieillesse.

Mais quelle fut sa surprise lorsque le forgeron lui dit : Reprenez votre argent, Monsieur; je n'en ai pas besoin puisque je ne l'ai pas gagné. Je suis en état de payer le fer que j'emploie, et s'il m'en faut davantage, le marchand me le donnera bien sur mon billet. Ce serait, de ma part, une grande ingratitude de vouloir le priver du gain qu'il doit faire sur sa marchandise, lorsqu'il n'a pas craint de m'en avancer pour cent écus dans le temps où je ne possédais que l'habit que j'ai sur le corps. Vous avez un meilleur usage à faire de cette somme, en la prêtant sans intérêt au pauvre incendié. Il pourra, par ce moyen, rétablir ses affaires; et moi, je pourrai dormir alors tout mon soûl.

M. de Cremy n'ayant pu, malgré les plus vives instances, le faire revenir de son refus, suivit le conseil qu'il lui avait donné, et il eut le plaisir de faire le bonheur d'une personne de plus que dans le premier projet de son cœur généreux.

LE SECRET DU PLAISIR.

— Je voudrais bien pouvoir jouer tout aujourd'hui disait la petite Laurette à madame Durval sa mère.

MADAME DURVAL. Quoi! pendant la journée entière

LAURETTE. Mais oui, maman.

MADAME DURVAL. Je ne demande pas mieux que de te satisfaire, ma fille. Je crains cependant que cela ne t'ennuie.

LAURETTE. De jouer, maman? Oh! que non! vous verrez.

Laurette courut en sautant chercher tous ses joujoux. Elle les apporta. Mais elle était seule, car ses sœurs devaient être occupées avec leurs maîtres jusqu'à l'heure du dîner.

Elle jouit d'abord de sa liberté dans toute sa franchise, et elle se trouva fort heureuse durant une heure entière. Peu à peu le plaisir qu'elle goûtait commençait à perdre quelque chose de sa vivacité. Elle avait déjà manié cent fois tour à tour chacun de ses joujoux, et ne savait plus quel parti en tirer. Sa poupée favorite lui parut bientôt ennuyeuse et maussade. Elle courut vers sa mère, et la pria de lui apprendre de nouveaux amusements et de jouer avec elle. Malheureusement madame Durval avait alors des affaires pressantes à terminer, et elle fut obligée de refuser à Laurette sa demande, quelque peine qu'elle ressentît. La petite fille alla s'asseoir tristement dans un coin, et elle attendit, en bâillant, l'heure où ses sœurs suspendaient leurs exercices pour prendre quelque récréation.

Enfin ce moment arriva. Laurette courut au-devant d'elles, et leur dit d'une voix plaintive combien le temps lui avait paru long, et avec quelle impatience elle les avait désirées.

Elles commencèrent aussitôt leurs jeux des grandes fêtes, pour rendre la joie à leur petite sœur, qu'elles aimaient fort tendrement. Hélas! toutes ces complaisances furent inutiles. Laurette se plaignit de ce que tous ces amusements étaient usés pour elle, et de ce qu'ils ne lui causaient plus le moindre plaisir. Elle ajouta qu'elles avaient sûrement comploté ensemble de ne faire ce jour-là aucun jeu qui pût l'amuser.

Alors Adélaïde, sa sœur aînée, jeune demoiselle de dix ans, très sensée et très raisonnable, lui prit la main, et lui dit avec amitié :

— Regarde-nous bien l'une après l'autre, toutes tant

que nous sommes, et je te dirai laquelle de nous est la cause de ton mécontentement.

LAURETTE. Et qui est-ce donc, ma sœur ? Je ne devine pas.

ADÉLAÏDE. C'est que tu n'as pas porté les yeux sur toi-même. Oui, Laurette, c'est toi-même ; car, tu le vois bien, ces jeux nous amusent encore, quoique nous les ayons joués, même avant que tu fusses née. Mais nous venons de travailler, et ils nous paraissent tout nouveaux. Si tu avais gagné par le travail l'appétit du plaisir, il te serait certainement aussi doux qu'à nous-mêmes de le satisfaire.

Laurette, qui, tout enfant qu'elle était, ne manquait pas de raison, fut frappée du discours de sa sœur. Elle comprit que, pour être heureuse, il fallait mélanger adroitement les exercices utiles et les délassements agréables. Et je ne sais si, depuis cette aventure, une journée toute de plaisir ne l'aurait pas encore plus effrayée qu'un jour entier des légères occupations de son âge.

LA MONTRE.

Au retour d'une visite qu'elle venait de rendre à l'une de ses meilleures amies, la jeune Charlotte rentrait chez ses parents d'un air triste et pensif. Elle trouva ses frères et ses sœurs qui jouaient ensemble avec cette joie vive et pure dont le ciel semble prendre plaisir à assaisonner les amusements de l'enfance. Au lieu de se mêler à leurs jeux, et de les animer par leur enjouement naturel, seule dans un coin de la chambre, elle paraissait souffrir de l'air de gaieté qui régnait autour d'elle, et ne répondait qu'avec humeur à toutes les agaceries innocentes qu'on lui faisait pour la tirer de son abattement. Son père, qui l'aimait avec tendresse, fut très inquiet de la voir dans un état si opposé à son caractère. Il la fit asseoir sur ses genoux, prit une de ses mains dans les siennes, et lui demanda ce qui l'affligeait. Ce n'est rien, rien du tout, mon papa, répondit-elle d'abord à toutes ses questions. Mais enfin, pressée plus vivement, elle lui dit que toutes les petites demoiselles qu'elle venait de voir chez son amie avaient reçu de leurs parents de très jolis cadeaux pour leur foire, quoique, sans vanité, aucune d'elles ne fût si avancée pour les talents et pour l'instruction. Elle cita surtout mademoiselle Richebourg, à qui son oncle avait donné une montre d'or entourée de brillants.

— Oh! quel plaisir, ajouta-t-elle, d'avoir une si belle montre à son côté!

— Voilà donc le sujet de ta peine? lui dit M. de Fonrose en souriant; Dieu merci, je respire. Je te croyais attaquée d'un mal plus sérieux. Que voudrais-tu donc faire d'une montre, ma chère Charlotte?

CHARLOTTE. Eh! mon papa, ce qu'en font les autres. Je la porterais à ma ceinture, et je regarderais à tout moment l'heure qu'il est.

M. DE FONROSE. A tout moment... tes quarts d'heure sont-ils si précieux? ou est-ce que les jours de la soumission et de l'obéissance te paraîtraient si longs?

CHARLOTTE. Non, mon papa; vous m'avez dit souvent que je suis dans la saison la plus heureuse de la vie.

M. DE FONROSE. Si ce n'est donc que pour savoir quelquefois où tu en es de la journée, n'as-tu pas au bas de l'escalier une pendule qui peut te l'apprendre au besoin?

CHARLOTTE. Oui; mais lorsqu'on est en haut bien occupée de ce que l'on fait, on ne l'entend pas toujours sonner. On n'a pas toujours du monde autour de soi pour leur demander l'heure. Il faut se détourner ou descendre. C'est du temps perdu; au lieu qu'avec une moutre on voit cela tout de suite, sans importuner personne, sans se déranger.

M. DE FONROSE. Il est vrai que c'est fort commode, quand ce ne serait que pour avertir ses maîtres que l'heure de leur leçon est finie, lorsque, par politesse ou par attachement, ils voudraient bien la prolonger quelques minutes de plus.

CHARLOTTE. Quel plaisir vous prenez toujours à me désoler par votre badinage!

M. DE FONROSE. Eh bien! si tu veux que nous parlions plus sérieusement, avoue-moi avec franchise quel est le motif qui te fait désirer une montre avec tant d'ardeur.

CHARLOTTE. Je vous l'ai dit, mon papa.

M. DE FONROSE. C'est le véritable que je te demande. Tu sais que je ne me paye pas de raison en paroles. Tu crains peut-être de te l'avouer. Je vais te l'apprendre, moi qui me pique envers toi d'une plus sincère amitié que toi-même. C'est pour que l'on s'écrie en passant à ton côté: Ho! ho! voyez quelle belle montre a cette petite demoiselle! Il faut qu'elle soit bien riche! Or, dis-moi si c'est une gloire bien flatteuse que de se faire croire plus riche que les autres, et d'étaler des choses plus brillantes aux yeux des passants! As-tu jamais vu des gens raisonnables en considérer davantage une petite fille pour la richesse de son père! En considères-tu davantage celles qui sont plus riches que toi? En voyant une belle montre au côté d'une jeune personne que tu ne connaîtrais pas, au lieu de dire: Voilà une demoiselle d'un caractère bien estimable qui porte cette montre! tu dirais plutôt: Voilà une montre d'un travail bien estimable que porte cette demoiselle! Si une montre peut faire honneur, c'est à l'habileté de l'horloger qui l'a faite, et au goût de celui qui l'a demandée ou choisie. Mais pour celui qui la porte, je ne lui dois que du mépris s'il veut en tirer vanité.

CHARLOTTE. Mais, mon papa, vous semblez toujours

me parler comme si c'était par ce motif que je l'eusse désirée!

M. DE FONROSE. Je ne te cacherai point que je le soupçonne terriblement. Tu ne veux pas en convenir encore; à la bonne heure. Je me flatte de t'amener bientôt à cet aveu.

CHARLOTTE. Ne parlons point de cela, s'il vous plaît. Mais il faut qu'une montre soit un meuble bien utile, puisque vous en avez une, vous qui êtes si philosophe!

M. DE FONROSE. Il est vrai que je ne pourrais guère m'en passer. Tu sais que les occupations de mon cabinet sont interrompues par des devoirs publics qui demandent de l'exactitude et de la ponctualité.

CHARLOTTE. Et moi, n'ai-je pas aussi vingt exercices différents dans la journée? Que diriez-vous si je ne donnais pas à chacun la mesure du temps qu'il exige?

M. DE FONROSE. C'est juste. Tu vois que je ne suis pas obstiné. Quand on m'allègue des raisons frappantes, je m'y rends. Eh bien! ma chère fille, tu auras une montre.

CHARLOTTE. Badinez-vous, mon papa?

M. DE FONROSE. Non certainement. Et dès ce jour même, pourvu que tu n'oublies pas de la prendre quand tu sortiras.

CHARLOTTE. Pouvez-vous me le demander? Oh! je suis bien fâchée de ne l'avoir pas eue aujourd'hui, quand je suis allée chez mademoiselle de Montreuil.

M. DE FONROSE. Tu pourras y retourner demain.

CHARLOTTE. Oui, vous avez raison. Mademoiselle de Richebourg y sera peut-être. Donnez, donnez, mon papa.

M. DE FONROSE. Tu sais ma chambre à coucher? A côté de mon lit, tu trouveras une montre suspendue à la tapisserie. Elle est à toi.

CHARLOTTE. Quoi! cette grande patraque du temps du roi Dagobert, qui lui servait peut-être de casserole pour le dîner de ses chiens?

M. DE FONROSE. Elle est fort bonne, je t'assure. On ne les faisait pas autrement du vivant de mon père. Je l'ai trouvée dans son héritage, et je me faisais un devoir de la garder pour moi-même. Mais en te la donnant elle ne sortira pas de la famille, et j'aurai plus souvent occasion de la rappeler à mon souvenir en la voyant tout le jour à ton côté.

CHARLOTTE. Oui; mais que diront ceux qui ne descendent point de mon grand-papa?

M. DE FONROSE. Eh! c'est là précisément où je t'attendais. Tu vois que ce motif d'utilité que tu m'alléguais avec tant d'importance n'est qu'un vain prétexte dont ta vanité cherchait à se couvrir, puisque cette montre te rendrait le même service que tu pourrais attendre d'une montre en or enrichie des plus beaux diamants. Pourquoi t'embarrasser des vains propos des autres? D'ailleurs ils ne pourraient que faire honneur à ton caractère. La solidité de la montre passerait pour l'emblème de celle de tes goûts.

CHARLOTTE. Mais ne pourrais-je pas en avoir une qui fût en même temps solide et d'une forme agréable?

M. DE FONROSE. Tu crois donc que cela ferait ton bonheur?

CHARLOTTE. Oui, mon papa, je me croirais fort heureuse.

M. DE FONROSE. Je voudrais que ma fortune me permît de te convaincre, par ta propre expérience, combien la félicité qu'on attache à de pareilles bagatelles est frivole et passagère. Je parie que dans quinze jours tu ne regarderais plus guère ta montre; qu'au bout d'un mois tu oublierais de la monter, et que bientôt elle ne serait pas mieux réglée que ta folle imagination.

CHARLOTTE. Ne pariez point, mon papa, vous perdriez, j'en suis sûre.

M. DE FONROSE. Aussi je ne veux pas parier, non par la crainte de perdre, mais parce qu'il faudrait risquer l'épreuve, et qu'elle pourrait te coûter pendant tout le reste de ta vie les plus cruels regrets.

CHARLOTTE. Ainsi vous pensez qu'une belle montre, au lieu de faire mon bonheur, ne servirait qu'à me rendre malheureuse ?

M. DE FONROSE. Si je le pense, ma fille ? Tout notre bonheur sur la terre consiste à vivre satisfaits du poste où nous a placés la Providence, et des biens qu'elle nous a départis. Il n'est aucun état, si humble ou si élevé, dans lequel une vaine ambition ne puisse nous faire accroire qu'il nous faudrait encore ce qu'un autre possède auprès de nous. C'est elle qui va tourmenter le laboureur au sein de l'aisance, pour lui faire jeter un œil d'envie sur quelques sillons du champ de son voisin, tandis qu'elle persuade au maître d'un vaste royaume que les provinces qui le bornent manquent à ses états pour les arrondir. De là naissent entre les princes ces guerres cruelles qui désolent la terre, et entre les particuliers ces procès ruineux qui les dévorent, ou ces haines de jalousie qui les bourrellent et les avilissent. Quels étaient tes propres sentiments envers mademoiselle de Richebourg en regardant la montre qu'elle étalait à son côté ? Retrouvais-tu dans ton cœur ces mouvements d'inclination qui te portaient autrefois vers le sien ? Lui aurais-tu rendu, dans ce moment, ces services dont tu te serais fait hier une joie si pure ? Mais cette inimitié secrète que sa montre t'inspirait contre elle, ta montre ne l'inspirerait-elle pas contre toi à tes meilleures amies, et peut-être à tes frères et tes sœurs ? Vois cependant pour quelle méprisable jouissance de vanité tu aurais rompu les plus doux nœuds du cœur et du sang, les plus tendres affections de la nature ! Pourrais-tu te croire heureuse à ce prix ?

CHARLOTTE. O mon papa ! vous me faites frissonner !

M. DE FONROSE. Eh bien ! ma fille, ne forme donc plus de ces souhaits déraisonnables qui troublent ton repos.

Que manque-t-il à tes véritables besoins dans la condition où le ciel t'a fait naître? N'as-tu pas une nourriture saine et abondante, des vêtements propres et commodes pour toutes les saisons? Ne t'ai-je pas donné des maîtres pour cultiver ton esprit, tandis que je forme ton cœur, pour te procurer des talents agréables qui puissent un jour faire rechercher ton commerce dans la société? Tu veux aujourd'hui une montre d'or enrichie de diamants! Si je te la donne, de quel œil regarderas-tu demain ton collier et tes boucles d'oreilles de perles fausses? Ne faudra-t-il pas que, pour te satisfaire, je les change bientôt en pierres précieuses? Encore te faudra-t-il, de plus, des dentelles, des riches étoffes et des femmes pour te servir. On ne va point à pied dans les rues avec un pompeux attirail de parure. Elle exige un grand nombre de domestiques, une voiture brillante, de superbes chevaux. Tu me les demanderais. Il ne te manquerait plus rien alors, il est vrai, pour te produire dans les assemblées, et visiter les personnes du plus haut rang. Mais, pour les recevoir à ton tour, ne te faudrait-il pas un hôtel magnifique, une table splendide, et des ameublements précieux? Vois combien une première fantaisie satisfaite engendre d'innombrables besoins. Ils vont toujours ainsi en s'accroissant, jusqu'à ce que, pour avoir voulu s'élever au-dessus de son état, on retombe pour toujours au-dessous des plus étroites nécessités de la vie. Tourne les yeux autour de toi, et regarde combien de personnes gémissent aujourd'hui dans la plus affreuse misère, qui consumaient hier peut-être les derniers débris d'une fortune suffisante pour leur bonheur. Pense à ce qui te serait arrivé à toi, à tes sœurs et à tes frères, si ma tendresse et mes réflexions ne m'avaient fait profiter, pour votre avantage, de toutes ces déplorables expériences. Il m'a souvent été pénible d'aller à pied dans les rues. Un bon carrosse aurait peut-être ménagé mes forces autant qu'il aurait flatté ma vanité. En employant à cette dépense ce qu'il m'en coûte pour votre entretien, votre instruction et vos plaisirs, j'aurais été en état de la soutenir pendant quelques années. Mais enfin quel aurait été mon sort et le vôtre? Je vous aurais vu croître dans le désordre et la stupidité. Je n'aurais pu attendre de vous, dans ma vieillesse, des soins que je vous aurais refusés dans votre enfance. Pour quelques jours passés dans l'éclat insolent du luxe, j'aurais langui longtemps dans le mépris d'une juste misère. De quel front aurais-je cru pouvoir répondre à l'Eternel sur les devoirs qu'il m'impose envers vous, lorsque je ne vous aurais laissé pour héritage que l'exemple de mon indigne conduite? J'aurais fini ma vie dans les convulsions du remords, du désespoir et de la terreur, et vos malédictions m'auraient poursuivi jusqu'au-delà de ma tombe.

— O mon papa! quelle était ma folie! s'écria Charlotte en se jetant à son cou. Non, non, je ne veux plus de montre; et si j'en avais une, je vous la rendrais à l'instant.

M. de Fonrose, charmé de voir le cœur de sa fille s'ouvrir avec tant de franchise aux impressions du sentiment et de la raison, l'accabla de caresses.

Dès cet heureux jour, Charlotte reprit sa première gaieté; et lorsqu'elle voyait quelques bijoux précieux à l'une de ses jeunes compagnes, elle était bien plus tentée de la plaindre que de lui porter la plus légère envie.

LES BUISSONS.

Dans une riante soirée de mai, M. d'Ogères était assis, avec Armand son fils, sur le penchant d'une colline, d'où il lui faisait admirer la beauté de la nature, que le soleil couchant semblait revêtir, dans ses adieux, d'une robe de pourpre. Ils furent distraits de leur douce rêverie par les chants joyeux d'un berger qui ramenait son troupeau bêlant de la prairie voisine. Des deux côtés du chemin qu'il suivait s'élevaient des buissons d'épines, et aucune brebis ne s'en approchait sans y laisser quelque dépouille de sa toison.

Le jeune Armand entra en colère contre ses ravisseurs. Voyez-vous, mon papa, s'écria-t-il, ces buissons qui dérobent leur laine aux brebis? Pourquoi Dieu a-t-il fait naître ces méchants arbustes? ou pourquoi les hommes ne s'accordent-ils pas pour les exterminer? Si les pauvres brebis repassent encore dans le même endroit, elles vont y laisser le reste de leurs habits. Mais non; je me lèverai demain à la pointe du jour; je viendrai avec ma serpette, et *ritz, ratz*, je jetterai à bas toutes ces broussailles. Vous viendrez aussi avec moi, mon papa; vous porterez votre grand couteau de chasse; et l'expédition sera faite avant l'heure du déjeuner. — Nous songerons à ton projet, lui répondit M. d'Ogères. En attendant, ne sois pas si injuste envers ces buissons; et rappelle-toi ce que nous faisons vers la Saint-Jean.

ARMAND. Et quoi donc, mon papa?

M. D'OGÈRES. N'as-tu pas vu les bergers s'armer de grands ciseaux, et dérober aux brebis tremblantes, non pas des flocons légers de leur laine, mais toute leur toison?

ARMAND. Il est vrai, mon papa, parce qu'ils en ont besoin pour se faire des habits. Mais les buissons qui les dépouillent par pure malice, et sans en avoir aucun besoin!

M. D'OGÈRES. Tu ignores à quoi ces dépouilles peuvent leur servir; mais supposons qu'elles leur soient inutiles, le seul besoin d'une chose est-il un droit pour se l'approprier?

ARMAND. Mon papa, je vous ai entendu dire que les

brebis perdent naturellement leur toison vers ce temps de l'année; ainsi il vaut mieux la prendre pour notre usage que de la laisser tomber inutilement.

M. D'OGÈRES. Ta réflexion est juste. La nature a donné à toutes les bêtes leur vêtement; et nous sommes obligés de leur emprunter le nôtre, si nous ne voulons pas aller tout nus et rester exposés aux injures cruelles de l'hiver.

ARMAND. Mais le buisson n'a pas besoin de vêtements. Ainsi, mon papa, il n'est plus question de reculer. Il faut dès demain jeter à bas toutes ces épines. Vous viendrez avec moi, n'est-ce pas?

M. D'OGÈRES. Je ne demande pas mieux. Allons, à demain au matin, dès la pointe du jour.

Armand, qui se croyait déjà un héros, à la seule idée de détruire de son petit bras cette légion de voleurs, eut de la peine à s'endormir, occupé comme il était de ses victoires du lendemain. A peine les chants joyeux des oiseaux perchés sur les arbres voisins de ses fenêtres eurent-ils annoncé le retour de l'aurore, qu'il se hâta d'éveiller son père. M. d'Ogères, de son côté, peu occupé de la destruction des buissons, mais charmé de trouver l'occasion de montrer à son fils les beautés ravissantes du jour naissant, ne fut pas moins empressé à sauter de son lit. Ils s'habillèrent à la hâte, prirent leurs armes, et se mirent en chemin pour leur expédition. Armand allait le premier d'un air de triomphe, et M. d'Ogères avait bien de la peine à suivre ses pas. En approchant des buissons, ils virent de tous les côtés de petits oiseaux qui allaient et venaient en voltigeant sur leurs branches. — Doucement, dit M. d'Ogères à son fils; suspendons un moment notre vengeance, de peur de troubler ces innocentes créatures. Remontons à l'endroit de la colline où nous étions assis hier au soir, pour examiner ce que les oiseaux cherchent sur ces buissons d'un air si affairé. Ils remontèrent la colline, s'assirent, et regardèrent. Ils virent que les oiseaux emportaient dans leur bec les flocons de laine que les buissons avaient accrochés la veille aux brebis. Il venait des troupes de fauvettes, de pinsons, de linottes et de rossignols, qui s'enrichissaient de ce butin.

— Que veut dire cela? s'écria Armand tout étonné.
— Cela veut dire, lui répondit son père, que la Providence prend soin des moindres créatures, et leur fournit toutes sortes de moyens pour leur bonheur et leur conservation. Tu le vois, les pauvres oiseaux trouvent ici de quoi tapisser l'habitation qu'ils forment d'avance pour leurs petits. Ils se préparent un lit bien doux pour eux et pour leur jeune famille. Ainsi, cet honnête buisson, contre lequel tu t'emportais hier si légèrement, allie les habitants de l'air avec ceux de la terre. Il demande au riche son superflu, pour donner au pauvre ses besoins. Veux-tu venir à présent le détruire? — Que le ciel nous en préserve! s'écria Armand. — Tu as raison, mon fils, reprit M. d'Ogères, qu'il fleurisse en paix, puisqu'il fait de ses conquêtes un usage si généreux!

LE SOLEIL ET LA LUNE.

La charmante soirée! Viens, Antonin, disait M. de Verteuil à son fils. Regarde. Le soleil est prêt à se coucher. Comme il est beau! Nous pouvons l'envisager maintenant; il n'est pas si éblouissant qu'à l'heure du dîner, lorsqu'il était au plus haut de sa course. Comme les nuages sont beaux aussi autour de lui! ils sont de couleur de soufre, de couleur d'écarlate et de couleur d'or. Adieu, soleil, jusqu'à demain matin.

A présent, Antonin, tourne les yeux de l'autre côté. Qu'est-ce qui brille ainsi derrière les arbres? Est-ce un feu? Non, c'est la lune. Elle est toute ronde aujourd'hui, parce que c'est pleine lune. Elle ne sera pas si ronde demain au soir. Elle perdra encore un morceau après-demain, un autre morceau le jour suivant, et toujours de plus en plus, jusqu'à ce qu'elle devienne comme ton arc; alors on ne la verra plus qu'à l'heure où tu seras au lit. Et de jour en jour elle deviendra encore plus petite, jusqu'à ce qu'on ne la voie plus du tout au bout de quinze jours.

Ce sera ensuite nouvelle lune, et tu la verras dans l'après-midi. Elle sera d'abord bien petite; mais elle deviendra chaque jour plus grande et plus ronde, jusqu'à ce qu'au bout de quinze autres jours elle soit tout-à-fait pleine comme aujourd'hui; et tu la verras encore se lever derrière les arbres.

ANTONIN. Mais, mon papa, comment le soleil et la lune se tiennent-ils tout seuls en l'air? Je crains toujours qu'ils ne tombent sur la terre.

M. DE VERTEUIL. Tranquillise-toi, mon fils, il n'y a pas de danger. Je t'expliquerai un jour ce qui t'embarrasse, lorsque tu seras plus en état de m'entendre. Ecoute, en attendant, ce que l'un et l'autre t'adressent par ma bouche.

Le soleil dit d'une voix éclatante : Je suis le roi du jour : je me lève dans l'Orient, et l'aurore me précède pour annoncer à la terre mon arrivée. Je frappe à ta fenêtre avec un rayon d'or, pour t'avertir de ma présence, et je te dis : Paresseux, je ne brille pas pour que tu restes enseveli dans le sommeil; je brille pour que tu te lèves et que tu travailles. Je suis le grand voyageur. Je marche comme un géant, à travers toute l'étendue des cieux. Jamais je ne m'arrête, et je ne suis jamais fatigué.

J'ai sur ma tête une couronne de rayons étincelants que je disperse sur tout l'univers, et tout ce qu'ils frappent brille d'éclat et de beauté. Je donne la chaleur aussi bien que la lumière. C'est moi qui mûris les fruits et les moissons. Si je cessais de régner sur la nature, rien ne croîtrait dans son sein, et les pauvres humains mourraient de faim et de désespoir dans l'horreur des ténèbres.

Je suis très haut dans les cieux, plus haut que les montagnes et les nuages. Je n'aurais qu'à m'abaisser un peu plus vers la terre, mes feux la dévoreraient dans un instant, comme la flamme dévore la paille légère que l'on jette sur un brasier.

Depuis combien de siècles je fais la joie de l'univers! Il y a six ans qu'Antonin ne vivait pas encore, Antonin n'était pas au monde; mais le soleil y était. J'y étais lorsque ton papa et ta maman ont reçu la vie, et bien des milliers d'années encore auparavant : cependant je n'ai pas vieilli.

Quelquefois je dépose ma couronne éclatante, et j'enveloppe ma tête de nuages argentés; alors tu peux soutenir mes regards; mais lorsque je dissipe les nuages pour briller dans toute ma splendeur du midi, tu n'oserais porter sur moi la vue; j'éblouirais tes yeux, je t'aveuglerais. Je n'ai permis qu'au seul roi des oiseaux de contempler d'un air immobile tout l'éclat de ma gloire.

L'aigle, s'élançant de la cime des plus hautes montagnes, vole vers moi d'une aile vigoureuse, et se perd dans mes rayons en m'apportant son hommage. L'alouette, suspendue au milieu des airs, chante, à ma rencontre, ses plus douces chansons, et réveille les oiseaux endormis sous la feuillée. Le coq resté sur la terre y proclame mon retour d'une voix perçante; mais la chouette et le hibou fuient à mon aspect, en poussant des cris plaintifs, et vont se réfugier sous les ruines de ces tours orgueilleuses que j'ai vu s'élever fièrement, dominer pendant des siècles sur les campagnes, et s'écrouler ensuite sous le poids d'une longue vieillesse.

Mon empire n'est pas borné, comme celui des rois

de la terre, à quelques parties du monde. Le monde entier est mon empire. Je suis la plus belle et la plus glorieuse créature qu'on puisse voir dans l'univers.

La lune dit d'une voix tendre : Je suis la reine de la nuit ; j'envoie mes doux rayons pour te donner de la lumière lorsque le soleil n'éclaire plus la terre.

Tu peux toujours me regarder sans péril, car je ne suis jamais assez resplendissante pour t'éblouir, et je ne brûle jamais. Je laisse même briller dans l'herbe les petits vers luisants, à qui le soleil dérobe impitoyablement leur éclat. Les étoiles brillent autour de moi ; mais je suis plus lumineuse que les étoiles, et je parais dans leur foule comme une grosse perle entourée de plusieurs petits diamants étincelants.

Lorsque tu es endormi, je me glisse sur un rayon d'argent à travers les rideaux, et je te dis : Dors, mon petit ami ; tu es fatigué... je ne troublerai plus ton sommeil.

Le rossignol chante pour moi, celui qui chante le mieux de tous les oiseaux. Perché sur un buisson, il remplit la forêt de ses accents aussi doux que ma lumière, tandis que la rosée descend légèrement sur les fleurs, et que tout est calme et silencieux dans mon empire.

LE MENTEUR CORRIGÉ PAR LUI-MÊME.

Le petit Gaspard était parvenu à l'âge de six ans sans qu'il lui fût jamais échappé un mensonge. Il ne faisait rien de mal, ainsi il n'avait aucune raison de cacher la vérité. Lorsqu'il lui arrivait quelque malheur, comme de casser une vitre, ou de faire une tache à son habit, il allait tout de suite l'avouer à son papa. Celui-ci avait la bonté de lui pardonner, et il se contentait de l'avertir d'être dorénavant plus attentif.

Un jour, son petit voisin Robert vint le trouver. Celui-ci était un fort méchant garçon. Gaspard, qui voulait amuser son ami, lui proposa de jouer au domino. Robert le voulut bien, mais à condition que chaque partie serait d'une pièce de deux sous. Gaspard refusa d'abord, parce que son père lui avait défendu de jouer de l'argent. Enfin il se laissa séduire par les prières de Robert, et il perdit en un quart d'heure tout l'argent qu'il avait économisé depuis quelques semaines sur ses plaisirs. Gaspard fut désolé de cette perte, il se retira dans un coin, et se mit à pleurer. Robert se moqua de lui, et s'en retourna triomphant avec son butin. Le père de Gaspard ne tarda pas à revenir. Comme il aimait beaucoup son fils, il le fit appeler pour l'embrasser. — Que t'est-il donc arrivé dans mon absence? lui dit-il en le voyant accablé de tristesse.

— C'est le petit Robert mon voisin qui est venu me forcer de jouer avec lui au domino.

— Il n'y a pas de mal à cela, mon enfant; c'est un amusement que je t'ai permis. Mais est-ce que vous avez joué de l'argent?

— Non, mon papa.

— Pourquoi donc as-tu les yeux rouges?

— C'est que je voulais faire voir à Robert l'argent que j'avais épargné pour m'acheter un livre. Je l'avais mis, par précaution, derrière la grosse pierre qui est à notre porte. Quand j'ai voulu le chercher je ne l'ai pas trouvé. Quelque passant me l'aura pris.

Son père soupçonna dans ce récit un peu de mensonge; mais il cacha son mécontentement, et il alla aussitôt chez son voisin. Lorsqu'il aperçut le petit Robert, il affecta de sourire, et lui dit : Eh bien! mon enfant, tu as donc été heureux aujourd'hui au domino?

— Oui, Monsieur, lui répondit Robert, j'ai joué fort heureusement.

— Et combien as-tu gagné à mon fils?
— Vingt-quatre sous.
— Et t'a-t-il payé?
— Et mais ! sans doute. Oh! oui, je ne lui demande plus rien.

Quoique Gaspard eût mérité d'être puni sévèrement, son père voulut bien lui pardonner pour cette première fois. Il se contenta de lui dire d'un air de mépris : Je sais maintenant que j'ai un menteur dans ma maison, et je vais avertir tout le monde de se méfier de ses paroles. Quelques jours après Gaspard alla voir Robert, et lui fit voir un très beau porte-crayon dont son oncle lui avait fait présent. Robert en eut envie, et chercha tous les moyens de l'avoir. Il proposa en échange ses balles, sa toupie et ses raquettes; mais comme il vit que Gaspard ne voulait s'en défaire à aucun prix, il enfonça son chapeau sur ses yeux, et dit effrontément : Le porte-crayon m'appartient. C'est chez toi que je l'ai perdu, et peut-être même me l'as-tu dérobé. Gaspard eut beau protester que c'était un cadeau de son oncle, Robert se mit en devoir de le lui arracher; et comme Gaspard le tenait fortement dans ses mains, il lui sauta aux cheveux, le terrassa, lui mit les genoux sur la poitrine, et lui donna des coups de poing dans le visage, jusqu'à ce que Gaspard lui eût remis le porte-crayon.

Gaspard rentra chez lui le nez tout sanglant et les cheveux à moitié arrachés. Ah! mon papa, s'écria-t-il d'aussi loin qu'il l'aperçut, venez me venger. Le méchant petit Robert m'a pris mon porte-crayon, et m'a accommodé comme vous voyez.

Mais, au lieu de le plaindre, son père lui dit : Va, menteur, tu l'as joué sans doute au domino. C'est toi qui t'es barbouillé le nez de jus de mûres, et qui as mis ta chevelure en désordre pour m'en imposer. En vain Gaspard affirma la vérité de son récit. — Je ne crois plus, lui dit son père, celui qui m'a trompé une fois.

Gaspard confondu se retira dans sa chambre, et déplora amèrement son premier mensonge. Le lendemain il alla trouver son père et lui demanda pardon. — Je reconnais, lui dit-il, combien j'ai eu tort d'avoir cherché une fois à vous en faire accroire. Cela ne m'arrivera plus de ma vie; mais ne me faites pas davantage l'affront de vous défier de mes paroles.

Son père m'assurait l'autre jour que depuis ce moment il n'était pas échappé à son fils le mensonge le plus léger, et que, de son côté, il l'en récompensait par la confiance la plus aveugle. Il n'exigeait plus de lui ni assurance ni protestation. C'était assez que Gaspard lui eût dit une chose, pour qu'il s'en tînt aussi sûr que s'il l'avait vue de ses propres yeux.

Quelle douce satisfaction pour un père honnête, et pour un fils digne de son amitié!

LE GRAND JARDIN.

M. Sage n'avait reçu de ses pères qu'une fortune bornée, mais à laquelle il avait su toujours conformer ses goûts et ses désirs; et quoiqu'il fût obligé de se priver de bien des choses dont il voyait les autres jouir en abondance, jamais un sentiment jaloux n'avait troublé l'égalité de son humeur et la paix de son âme.

Le seul regret qu'il eût éprouvé dans le cours de sa vie était celui d'une épouse vertueuse, que la mort avait frappée dans ses bras. Un fils tout jeune encore restait seul pour le consoler, et le bonheur de cet enfant devint l'objet de tous ses soins.

Philippe tenait de la nature une imagination très sensible, par laquelle son père avait trouvé le secret de former de bonne heure sa raison. C'était en lui montrant tous les objets sous leur vrai point de vue qu'il lui en avait donné les premières idées. Par une suite d'images fortes, présentées avec ordre, et dans un moment choisi pour leur effet, il avait déjà fait prendre à ses réflexions un caractère de justesse et de profondeur.

Satisfait de son sort, ce père tendre voulait surtout inspirer à son fils les principes auxquels il devait le calme de sa vie et la sérénité de son cœur. Oui, se disait-il à lui-même, si je puis l'accoutumer à être content de ce qu'il possède, et à ne pas attacher un grand prix à ce qu'il ne peut obtenir, j'aurai travaillé plus utilement pour sa félicité que si je lui laissais un immense trésor.

Occupé sans cesse de cette importante leçon, il mena un jour son fils, pour la première fois, dans un magnifique jardin ouvert au public. Philippe, dès l'entrée, fut saisi d'un sentiment de surprise et d'admiration. L'éclat et le parfum des fleurs, la profusion des statues, la largeur imposante des allées, l'affluence d'hommes et de femmes qui se promenaient, superbement vêtus, sous des voûtes de verdure, les mouvements confus de cette foule empressée, le murmure de leurs discours, le bruit des jets d'eau et des cascades, tout plongeait ses esprits dans une rêverie profonde. Il promenait ses yeux d'un air égaré et frappait dans ses mains. Son père, le voyant bien pénétré de toutes ces impressions, l'emmena dans un bosquet plus solitaire, pour rendre un peu de repos à ses sens trop vivement émus. Il lui proposa ensuite de prendre quelques rafraîchissements. Philippe y consentit avec joie; et lorsqu'il eut satisfait son appétit : Mon papa, dit-il, comme on est bien ici! Ah! si nous avions un aussi beau jardin! Avez-vous fait attention au nombre de voitures qu'il y avait à la porte? et tous ces gens qui se promenaient là-bas, comme ils sont richement habillés! Je voudrais bien savoir pourquoi nous sommes obligés de vivre avec tant d'épargne, lorsque les autres ne se refusent rien. Je commence à voir que nous sommes pauvres. Mais pourquoi les autres sont-ils riches? Ils ne sont certainement pas plus honnêtes gens que nous deux.

— Tu parles comme un enfant, lui répondit son père; je suis très riche, moi.

PHILIPPE. Où sont donc vos richesses?

M. SAGE. J'ai un jardin beaucoup plus grand que celui-ci.

PHILIPPE. Vous, mon papa? Oh! je voudrais bien le voir.

M. SAGE. Suis-moi, je vais te le montrer.

Il prit son fils par la main et le conduisit dans la campagne. Ils montèrent sur une colline du haut de laquelle s'étendait une perspective admirable. A droite, on découvrait une vaste forêt, dont les extrémités se perdaient dans l'horizon. A gauche, on voyait s'entrecouper, dans un agréable mélange, de riants jardins, de vertes prairies, et des champs de moissons dorées. Au pied de la colline serpentait un vallon arrosé dans toute sa longueur par mille ruisseaux. Tout ce paysage était animé. Dans son immense étendue, on distinguait des pêcheurs qui jetaient leurs filets, des chasseurs qui poursuivaient des cerfs fugitifs avec leurs meutes aboyantes; des jardiniers qui remplissaient leurs corbeilles d'herbages et de fruits; des bergers qui conduisaient leurs troupeaux au son des musettes; des moissonneurs qui chargeaient des chariots de leurs dernières gerbes, et les précédaient en dansant autour de leurs bœufs. Ce tableau délicieux captiva longtemps, dans une extase muette, les regards de M. Sage et de son fils. Celui-ci, rompant enfin le silence, dit à son père :

— Mon papa, arriverons-nous bientôt à notre jardin?

M. SAGE. Nous y sommes, mon ami.

PHILIPPE. Mais ceci n'est pas un jardin, mon papa; c'est une colline.

M. SAGE. Regarde aussi loin que tu pourras voir autour de toi, voilà mon jardin. Cette forêt, ces champs, ces prairies, tout cela m'appartient.

PHILIPPE. A vous? c'est vous moquer de moi.

M. SAGE. Je ne me moque point. Je vais te faire voir tout-à-l'heure que j'en dispose en maître.

PHILIPPE. Je serais charmé d'en être bien sûr.

M. SAGE. Si tu avais tout ce pays, dis-moi, qu'en ferais-tu?

PHILIPPE. Ce que l'on fait d'un bien qui est à soi.

M. SAGE. Mais quoi encore?

PHILIPPE. Je ferais abattre des arbres dans la forêt pour me chauffer cet hiver, j'irais à la chasse du chevreuil, je pêcherais du poisson, j'éléverais des troupeaux de bœufs et de brebis, et je cueillerais les riches moissons qui couvrent ces campagnes.

M. SAGE. Voilà un plan qui me paraît bien entendu, et je me félicite de ce que nous nous rencontrons dans nos idées. Tout ce que tu voudrais faire, je le fais déjà, moi.

PHILIPPE. Comment cela donc?

M. SAGE. D'abord, j'envoie couper dans cette forêt tout le bois dont j'ai besoin.

PHILIPPE. Je ne vous ai jamais vu donner vos ordres.

M. SAGE. C'est qu'on a l'avisement de les prévenir. Tu sais qu'il y a du feu toute l'année dans notre cuisine, et tout l'hiver dans nos appartements. Eh bien! c'est du bois que j'en tire.

PHILIPPE. Cela peut être ; mais il faut le payer.

M. SAGE. Si j'étais celui que tu crois, le véritable propriétaire de cette forêt, ne serais-je pas obligé de le payer tout de même?

PHILIPPE. Non, sans doute. On vous l'apporterait sans que vous eussiez rien à débourser.

M. SAGE. Tu crois cela ? Je pense, au contraire, qu'il me reviendrait peut-être plus cher. Car alors n'aurais-je pas à payer des gardes pour veiller à ma forêt, des maçons pour l'enclore de murs, des bûcherons pour y exploiter les arbres ?

PHILIPPE. Passe pour cela ; mais vous ne pouvez pas y aller chasser.

M. SAGE. Et pourquoi veux-tu que j'y chasse ?

PHILIPPE. Pour avoir votre provision de gibier.

M. SAGE. Est-ce que nous pourrions manger un cerf ou un chevreuil à nous deux ?

PHILIPPE. Il faudrait être de bon appétit.

M. SAGE. Ne pouvant aller moi-même à la chasse, j'y envoie des chasseurs pour moi. Je leur donne rendez-vous à la halle, où ils m'apportent tout ce qui m'est nécessaire.

PHILIPPE. Pour votre argent.

M. SAGE. D'accord : mais c'est encore pour moi une bonne affaire, car je n'ai point de gages à leur payer ; je n'ai besoin de leur fournir ni poudre, ni plomb, ni fusil. Tous ces furets, ces braques, ces chiens courants, Dieu merci, ce n'est pas mon pain qu'ils dévorent.

PHILIPPE. Sont-elles aussi à vous, ces vaches et ces brebis qui paissent là-bas dans la prairie ?

M. SAGE. Vraiment oui : ne manges-tu pas tous les jours du beurre et du fromage ? Ce sont elles qui me le fournissent.

PHILIPPE. Mais, mon papa, si tous ces troupeaux, si toutes ces petites rivières sont à vous, pourquoi n'avons-nous pas à notre table de grands plats de viande, et de poissons comme les gens riches ?

M. SAGE. Est-ce qu'ils mangent tout ce qu'on leur sert ?

PHILIPPE. Non, mais ils peuvent choisir sur la table.

M. SAGE. Et moi, je fais mon choix avant de m'y met

tre. Tout le nécessaire m'appartient. Le superflu, il est vrai, n'est pas à moi; mais qu'en ferais-je s'il m'appartenait? Il me faudrait un estomac superflu.

PHILIPPE. Les gens riches font bonne chère, et vous n'en faites pas.

M. SAGE. Je la fais bien meilleure. J'ai une sauce qui leur manque presque toujours dans leurs grands festins; c'est le bon appétit.

PHILIPPE. Et de l'argent pour satisfaire mille petites fantaisies, en avez-vous autant qu'eux?

M. SAGE. Bien davantage, car je n'ai pas de fantaisies.

PHILIPPE. Il y a pourtant du plaisir à les contenter.

M. SAGE. Cent fois plus encore à être content; et je le suis.

PHILIPPE. Mais enfin, le bon Dieu les aime plus que vous, puisqu'il leur a donné de grands trésors d'or et d'argent.

M. SAGE. Philippe, te souviens-tu de cette bouteille de vin muscat que nous bûmes l'autre jour, que nous avions prié ton oncle à dîner?

PHILIPPE. Oui, mon papa; vous eûtes la bonté de m'en donner un petit verre presque tout plein.

M. SAGE. Tu vins m'en demander une seconde fois. J'aurais bien pu t'en donner, puisqu'il en restait encore. Pourquoi ne t'en donnai-je pas?

PHILIPPE. C'est que vous aviez peur que cela me fît mal.

M. SAGE. Je me souviens de te l'avoir dit. Penses-tu que j'eusse raison?

PHILIPPE. Oui, mon papa; je sais que vous m'aimez, et que vous ne cherchez que mon bonheur. Ainsi, vous ne m'auriez pas refusé un peu de vin muscat si vous aviez pensé que cela pût me faire du plaisir sans m'incommoder.

M. SAGE. Et crois-tu que le bon Dieu ait moins de tendresse pour toi que moi-même?

PHILIPPE. Non, mon papa, je ne puis le croire; vous m'avez raconté tant de merveilles de sa bonté!

M. SAGE. D'un autre côté, crois-tu qu'il lui fût difficile de te donner de grandes richesses?

PHILIPPE. Oh! non; pas plus qu'à moi de faire présent à quelqu'un d'une poignée de sable.

M. SAGE. Eh bien! si, pouvant t'en donner, il ne t'en donne pas, et que cependant il t'aime, que dois-tu penser de son refus?

PHILIPPE. Que les richesses que je lui demande pourraient m'être dangereuses.

M. SAGE. Cela te paraît-il assez clair?

PHILIPPE. Oui, mon papa, je n'y vois rien à dire : cependant...

M. SAGE. Pourquoi secoues-tu la tête? Tu as certainement encore quelque poids sur le cœur; dis-le moi.

PHILIPPE. Je pense que, malgré vos raisons, il n'est pas à vous tout ce pays-là.

M. SAGE. Et pourquoi le penses-tu?

PHILIPPE. Parce que vous ne pouvez pas en jouir comme vous le voulez.

M. SAGE. Connais-tu M. Richard?

PHILIPPE. Si je le connais! Oh! dame, c'est lui qui a de beaux jardins!

M. SAGE. Et peut-il en jouir comme il veut?

PHILIPPE. Ah! le pauvre homme! il ne le peut guère, il n'ose pas manger seulement une grappe de chasselas.

M. SAGE. Il en a cependant dans son jardin des treilles superbes.

PHILIPPE. Oui, vraiment; mais cela l'incommode.

M. SAGE. Tu vois donc qu'on peut posséder beaucoup de choses, et cependant n'oser en jouir comme on veut. Je n'ose jouir de mon jardin comme je le voudrais, parce que ma fortune ne me le permet pas : et M. Richard n'ose jouir à son gré du sien, parce que sa santé le lui défend. Je suis encore le plus heureux.

PHILIPPE. Mon papa, vous aimez monter à cheval, n'est-il pas vrai?

M. SAGE. Oui ; cet exercice me fait beaucoup de bien, lorsque j'ai le temps de le prendre.

PHILIPPE. Eh bien! si cette prairie est à vous, pourquoi n'en récoltez-vous pas le foin pour en nourrir un cheval?

M. SAGE. C'est ce que je fais. Cette meule de foin que tu vois là-bas est peut-être pour celui que je monte.

PHILIPPE. Vous n'en avez pourtant pas dans votre écurie.

M. SAGE. Dieu me préserve de cet embarras!

PHILIPPE. Oui ; mais aussi vous ne le montez pas lorsque vous voulez.

M. SAGE. Tu te trompes ; car je suis assez sage pour ne le vouloir que lorsque j'en ai besoin ; et alors je me le procure pour un écu. Dieu merci, je peux en faire la dépense.

PHILIPPE. Croyez-vous qu'il ne vous serait pas bien plus commode d'avoir deux beaux chevaux gris pommelés pour vous traîner dans un beau carrosse?

M. SAGE. Cela serait assez doux. Mais quand je pense à tous les inconvénients d'une voiture, au besoin que l'on a sans cesse du sellier, du charron, du maréchal ; à la dépendance où l'on vit de la santé de ses chevaux et de l'exactitude de son cocher, aux risques infinis dont on est menacé à chaque pas, aux suites funestes de la mollesse dont on prend le goût, en vérité je n'ai pas de regret de ne faire usage que de mes jambes. Elles m'en dureront plus longtemps. Mais voilà le soleil qui se couche ; il est temps de nous retirer. Allons, mon ami, n'es-tu pas content d'avoir vu mon domaine?

PHILIPPE. Ah! mon papa, je le serais bien davantage si tout cela était réellement à vous.

M. Sage sourit à son fils ; et le prenant par la main,

Il descendit avec lui de la colline. Ils passaient auprès d'une prairie qu'ils avaient prise d'en haut pour un étang, parce qu'elle était couverte d'eau. Ah! mon Dieu! s'écria M. Sage, vois-tu ce pré qui ne fait plus qu'une mare? Il faut que le ruisseau voisin se soit débordé avant la fenaison. Toute la récolte de foin est perdue pour cette année.

PHILIPPE. Celui à qui appartient cette prairie sera, je crois, bien triste, quand il verra tout son foin gâté.

M. SAGE. Encore s'il en était quitte pour cela! Mais il faudra faire des réparations aux digues du ruisseau, construire peut-être une nouvelle écluse. Il sera bien heureux s'il ne dépense pas le produit de dix années de sa prairie.

PHILIPPE. C'est un drôle de bonheur que celui-là!

M. SAGE. Il me semble qu'il y avait ici près un moulin.

PHILIPPE. Il y est aussi toujours, mon papa. Tenez, le voyez-vous?

M. SAGE. Tu as raison, je le vois à présent. C'est que je ne l'entendais pas aller. O mon Dieu! je parie que l'inondation en a emporté les rouages. Voyons. Justement, le voilà tout délabré. Que deviendra le malheureux propriétaire? Il faut qu'il soit bien riche pour résister à toutes ces pertes.

PHILIPPE. Je le plains de tout mon cœur. Mais, mon papa, la journée des ouvriers est finie; pourquoi les maçons demeurent-ils encore à l'ouvrage?

M. SAGE. Je n'en sais rien. Il n'y a qu'à le leur demander. Mon ami, voudriez-vous bien nous dire pourquoi vous restez si tard au travail?

LE MAÇON. Monsieur, nous y passerons encore toute la nuit. Hier, dans l'obscurité, des voleurs vinrent abattre ce pan de muraille pour entrer dans le parc, et voler les meubles d'un pavillon qu'on venait de faire construire. On ne s'en est aperçu que ce matin; et il est fort heureux qu'on ne les ait pas pris sur le fait.

M. SAGE. Et comment donc cela ?

LE MAÇON. C'est qu'on a trouvé dans le parc des mèches qu'ils y avaient répandues, apparemment pour mettre le feu à la forêt si on était venu les surprendre, afin de se sauver à la faveur du tumulte et de la confusion de l'incendie. Le propriétaire de cette terre est encore, comme vous voyez, fort heureux dans son malheur, car il aurait pu perdre toute sa forêt ; au lieu qu'il ne lui en coûtera que les réparations de sa muraille, la dépense d'un garde de plus pour veiller la nuit, et la perte des meubles de son pavillon, qui, à la vérité, étaient fort précieux.

— Mon fils, dit M. Sage à Philippe, après avoir fait quelques pas en silence, que dis-tu de tous ces malheurs ? Te causent-ils beaucoup de chagrin?

PHILIPPE. Pourquoi m'en chagriner, mon papa? je ne souffre en rien de ces pertes.

M. SAGE. Mais si cette terre t'appartenait de la même manière que les jardins de M. Richard lui appartiennent, et qu'en te promenant aujourd'hui tu eusses vu tes prairies inondées, ton moulin emporté, un pan de muraille de ton parc démoli, et ton pavillon mis au pillage, t'en retournerais-tu à la maison aussi tranquille que tu me parais l'être ?

PHILIPPE. Mon Dieu! non. Je serais au contraire bien triste d'essuyer de si grandes disgrâces en un jour.

M. SAGE. Et si tu avais tous les jours de semblables disgrâces à souffrir ou à craindre, serais-tu alors plus heureux que tu ne l'es à présent?

PHILIPPE. Je serais mille fois plus malheureux.

M. SAGE. Eh bien ! mon ami, tel est le sort de presque tous ceux qui possèdent de grands biens. Sans parler des soucis qui les agitent et des besoins sans nombre qui les tourmentent, l'éclat de leur fortune devient souvent lui-même l'origine de sa décadence. Il suffit d'une seule méprise dans leurs avides projets, pour en entraîner le bouleversement. Comme ils craindraient de perdre de leur considération imaginaire s'ils imposaient quelques sacrifices à l'orgueil de leur luxe, plus leurs revers sont frappants, plus ils croient devoir étaler de faste et de somptuosité pour soutenir l'opinion de leur opulence et rétablir un crédit imposteur. Quel est donc l'effet de cette misérable vanité? Leurs domestiques, frustrés du prix de leurs services, introduisent un brigandage effréné dans toute la maison. La culture de leurs biens étant négligée, ainsi que l'éducation de leur famille, leurs terres tombent en friche et ne produisent plus que des moissons avortées ; leurs enfants, abandonnés à tous les vices, commettent des actions déshonorantes, qu'ils sont forcés d'étouffer à prix d'argent. Toutes leurs vastes possessions, saisies par d'inexorables créanciers, achèvent de dépérir sous une administration de rapine. Le gouffre des procédures en engloutit les derniers débris; et ces favoris de la fortune, si fiers de leurs trésors, de leurs honneurs et des jouissances de leur mollesse, tombent tout à la fois dans l'indigence, l'opprobre et le désespoir.

PHILIPPE. Ah! mon papa, quel tableau venez-vous de m'offrir!

M. SAGE. Celui qui se présente à tout moment dans la société; et n'imagine pas qu'il y ait rien d'exagéré dans cette peinture. Je te ferai voir chaque jour, dans les papiers publics, l'histoire du renversement de quelque grande maison ; leçon frappante que la Providence expose sans cesse aux regards des riches, pour les avertir du sort qui menace leur folie et leur orgueil! Nous irons demain devant ces superbes hôtels **qui** excitent ton envie ; je t'y ferai lire la ruine des hôtels voisins affichés sur toutes leurs colonnes, jusqu'à ce qu'elles soient elles-mêmes enveloppées du décret de leur propre ruine. Eh! que ne puis-je épargner **à tes** oreilles sensibles les cris de mille familles désolées, **qui** n'attestent que trop, par leur désespoir, ces **effrayantes révolutions!**

PHILIPPE. Eh quoi! me faudrait-il donc regarder la médiocrité de notre fortune comme un bienfait du ciel?

M. SAGE. Oui, mon fils, si tu es économe et laborieux, si tu sens en toi le courage de vaincre l'ambition et la cupidité, d'enchaîner tes désirs et tes espérances aux bornes de l'état que tu dois remplir. Vois s'il manque quelque chose à mon bonheur; et voudrais-tu donc être plus heureux que ton père? Regarde l'univers entier comme ton domaine, puisqu'il te fournit, pour prix de ton travail, une subsistance honnête et les premières douceurs de la vie. Le ciel a placé ton habitation terrestre sur le doux penchant d'une montagne dont le sommet est escarpé, et au pied de laquelle s'étendent des marais impurs, entrecoupés de mille précipices. Elève quelquefois tes yeux vers les riches et les grands, non pour envier la hauteur de leur poste, mais pour observer les orages qui grondent autour d'eux. Abaisse aussi tes regards vers le pauvre qui rampe au-dessous de toi, non pour insulter à sa misère, mais pour lui tendre la main. Si Dieu te donne un jour des enfants, répète-leur sans cesse la leçon que tu viens de recevoir, et surtout donne-leur-en l'exemple que je t'ai donné moi-même.

Ils se trouvèrent à ces mots à l'entrée de leur maison. M. Sage se hâta de monter dans son appartement; et, s'étant précipité à genoux, il rendit grâce au ciel, et lui offrit sa vie. Que lui restait-il à faire sur la terre? ses jours avaient été pleins de justice et d'honneur; et en inspirant la modération à son fils, il venait de lui transmettre un riche héritage.

JACQUOT.

M. de Cursol revenait un jour, à cheval, d'une promenade dans ses terres. Comme il passait le long des murs du cimetière d'un petit village, il entendit des gémissements qui partaient de son enceinte. Ce digne gentilhomme avait un cœur trop compatissant pour hésiter de voler au secours du malheureux qu'il entendait ainsi gémir. Il mit pied à terre, donna son cheval à garder au domestique qui le suivait, et franchit d'un saut les marches du cimetière. Il s'éleva sur le bout de ses pieds, tourna les yeux de toutes parts; enfin il aperçut à l'extrémité, dans un coin, une fosse recouverte de terre encore toute fraîche. Sur cette fosse était étendu un enfant d'environ cinq ans, qui pleurait. M. de Cursol s'approche de lui d'un air d'amitié, et lui dit :

— Que fais-tu là, mon petit ami?

L'ENFANT. J'appelle ma mère; hier on l'a couchée ici, et elle ne se lève pas.

M. DE CURSOL. C'est apparemment qu'elle est morte, mon pauvre enfant.

L'ENFANT. Oui, on dit qu'elle est morte; mais je ne veux pas le croire. Elle se portait si bien l'autre jour, quand elle me laissa chez notre voisine Suzon! Elle me dit qu'elle allait revenir, et elle ne revint pas. Mon père s'en est allé, mon petit frère aussi; et les autres enfants du village ne veulent plus de moi.

M. DE CURSOL. Ils ne veulent plus de toi? et pourquoi?

L'ENFANT. Je n'en sais rien; mais lorsque je veux aller avec eux, ils me chassent et me laissent tout seul. Ils disent aussi de vilaines choses sur mon père et sur ma mère. C'est ce qui me fait le plus de peine. O ma mère! lève-toi, lève-toi!

Les larmes roulaient dans les yeux de M. de Cursol.

— Tu dis donc que ton père s'en est allé, et ton frère aussi? Où sont-ils donc?

L'ENFANT. Je ne sais pas où est mon père, et mon petit frère est parti hier pour un autre village. Il vint un monsieur tout noir comme notre curé, qui l'emmena avec lui.

M. DE CURSOL. Et où demeures-tu à présent?

L'ENFANT. Chez la voisine Suzon. J'y serai jusqu'à ce que ma mère revienne comme elle me l'a promis. Je l'aime bien, mon autre mère Suzon; mais (*en montrant la fosse*) j'aime encore plus ma mère qui est là. Ma mère, ma mère! pourquoi es-tu si longtemps couchée? Quand est-ce que tu te lèveras?

M. DE CURSOL. Mon pauvre enfant, tu as beau l'appeler, tu ne la réveilleras jamais.

L'ENFANT. Eh bien! je veux coucher ici, et dormir auprès d'elle. Ah! je l'ai vue, lorsqu'on l'a portée dans un grand coffre. Comme elle était pâle! comme elle était froide! Je veux coucher ici, et dormir auprès d'elle.

M. de Cursol ne put retenir plus longtemps ses larmes. Il se pencha vers l'enfant, le prit dans ses bras, l'embrassa avec tendresse, et lui dit :

— Comment t'appelles-tu, mon cher ami?

L'ENFANT. On m'appelle Jacquot quand je suis sage, et Jacques quand je suis méchant.

M. de Cursol sourit au milieu de ses larmes.

— Veux-tu me conduire chez Suzon?

JACQUOT. Oh! oui, oui, mon beau monsieur.

Jacquot se mit à courir devant M. de Cursol aussi vite que ses petits pieds pouvaient le lui permettre, et il le conduisit à la porte de Suzon.

Suzon n'eut pas une médiocre surprise lorsqu'elle vit notre gentilhomme entrer dans sa chaumière, et le petit Jacquot qui, la montrant du doigt, et courant cacher sa tête entre ses genoux, dit : La voilà, c'est mon autre mère! Elle ne savait que penser d'une visite si extraordinaire. M. de Cursol ne la laissa pas longtemps dans son incertitude. Il lui peignit la situation dans laquelle il avait trouvé le petit garçon, lui exprima la pitié qu'il lui avait inspirée, et la pria de vouloir

4

bien l'instruire de tout ce qui regardait les parents de Jacquot.

Suzon lui présenta un siége auprès d'elle, et commença ainsi son récit :

« Le père de cet enfant est un cordonnier qui demeure dans la maison voisine. C'est un homme honnête, sobre, laborieux, tout jeune encore, et fort bien bâti. Sa femme était d'une jolie figure, mais d'une mauvaise santé; du reste, très diligente et très économe. Ils étaient mariés depuis sept ans, vivaient fort bien ensemble, et ils auraient fait le couple le plus heureux, s'ils avaient été un peu mieux dans leurs affaires. Julien ne possédait que son métier; et Madeleine, qui était orpheline, n'avait apporté à son mari qu'un peu d'argent qu'elle avait gagné au service d'un bon curé d'une paroisse à trois lieues d'ici. Ce peu d'argent fut employé à acheter un lit, quelques ustensiles de ménage, et une petite provision de cuir pour travailler. Malgré leur pauvreté, ils trouvèrent le moyen de se soutenir pendant les premières années de leur mariage, à force de travail et d'économie. Mais il était venu des enfants : c'est là ce qui commença à les déranger. Encore auraient-ils pu se tirer de peine en redoublant de courage, s'il ne leur était arrivé des malheurs. La pauvre Madeleine, qui avait travaillé tous les jours de l'été dans les champs, pour apporter le soir quelque argent à son mari, tomba malade de fatigue, et sa maladie dura tout l'automne et tout l'hiver. Les remèdes étaient fort coûteux; d'un autre côté, l'ouvrage n'allait pas si bien, parce que les pratiques de Julien le quittaient peu à peu, craignant d'être mal servies dans une maison où il y avait une femme malade. Enfin Madeleine se rétablit, mais non les affaires de son mari. Il fallut emprunter pour payer l'apothicaire et le médecin. Le travail de Julien n'allait plus du tout; il avait perdu toutes ses pratiques; et Madeleine ne trouvait pas de journées à gagner, parce que ses forces s'étaient affaibliés et que personne ne voulait l'employer. De plus, le loyer de leur maison et la rente de l'argent qu'ils avaient emprunté les écrasaient. Il leur fallut plus d'une fois endurer la faim; et ils se trouvaient bien heureux lorsqu'ils avaient un morceau de pain à donner à leurs enfants. »

A ces mots, le petit Jacquot se retira dans un coin et se mit à soupirer.

« Il arriva encore que l'homme impitoyable à qui appartenait leur maison, voyant qu'ils n'avaient pas été en état de payer les deux quartiers de l'hiver, menaça Julien de le faire arrêter. Ils le prièrent instamment de prendre patience jusqu'à la moisson, parce qu'alors ils pourraient gagner des journées à travailler dans les champs; mais ni leurs supplications ni leurs larmes ne purent l'attendrir, quoiqu'il soit le plus riche de tout le village. Ce fut avec bien de la peine qu'il leur accorda encore un mois de délai; mais il jura que si au bout de ce temps il n'était pas payé en entier, il ferait vendre leurs meubles et mettre Julien en prison. On ne vit plus alors chez ces pauvres gens qu'une tristesse et une souffrance capable d'attendrir un rocher. Vous pouvez croire, Monsieur, que mon cœur s'est serré bien souvent d'entendre ces bons voisins se lamenter, et de ne pouvoir les secourir. J'allai moi-même une fois chez leur créancier, et je le priai d'avoir compassion de leur misère. Je lui dis que j'engagerais, s'il le fallait, ma chaumière, qui était tout ce que je possédais. Mais cela ne servit de rien. Tu es une misérable aussi bien qu'eux, me répondit-il; voilà ce que c'est que de loger de la canaille comme vous autres. Ah! Monsieur (ici des larmes coulèrent sur les joues de Suzon), j'endurai patiemment ce reproche, pour ne pas le fâcher encore davantage; mais que je souffrais de n'être qu'une pauvre veuve et de ne pouvoir soulager en rien ces braves gens! Combien les riches pourraient faire de bien, s'ils en avaient la volonté comme les pauvres! Mais, pour revenir à nos malheureux voisins, je conseillai à Madeleine d'aller se jeter aux pieds du curé chez qui elle avait servi quelques années en digne et honnête fille, et de le prier de lui avancer quelque argent. Elle me répondit qu'elle en parlerait à son mari, mais qu'elle aurait bien de la peine à faire ce que je lui disais, parce que le curé pourrait croire qu'ils étaient tombés dans la misère par une mauvaise conduite. Il y a trois jours qu'elle m'amena, comme elle avait coutume de le faire, ses deux enfants, et me pria de les garder jusqu'au soir. Elle voulait aller dans le village voisin, et voir si elle ne pourrait pas trouver chez le tisserand du chanvre à filer pour payer leur dette. Elle n'avait jamais pu prendre sur elle-même de se présenter chez le curé, son ancien maître; mais son mari devait y aller à sa place, il s'était mis en route ce même jour. Je me chargeai avec plaisir des enfants, que j'aimais beaucoup, les ayant vu naître. Madeleine, en partant, les pressa contre son cœur et les embrassa, comme si elle les voyait pour la dernière fois. Je crois la voir encore! Elle avait les yeux pleins de larmes, et elle dit à l'aîné : Ne pleure pas, Jacquot, je vais être bientôt de retour, et je viendrai te chercher. Elle me tendit la main, me remercia de ce que je voulais bien garder ses enfants, les embrassa et sortit.

» Au bout de quelque temps, j'entendis un bruit sourd dans sa maison; mais, comme je la croyais partie, je pensai que c'était un fagot mal appuyé contre la muraille qui avait roulé à terre, et je ne m'en inquiétai pas. Cependant le soir vint, puis la nuit vint, et je ne voyais point reparaître ma voisine. Je voulus aller voir chez elle si elle n'y était pas entrée pour poser sa filasse avant de venir reprendre ses enfants. Je trouvai la porte ouverte, et j'entrai. O mon Dieu! comme je fus frappée en voyant Madeleine étendue raide morte au pied d'une échelle! Je demeurai moi-même immobile et froide comme une pierre. Je ne savais ce que je devais faire. Enfin, après avoir cherché inutilement à la soulever, je courus chez le chirurgien, qui vint, lui tâta le pouls en hochant la tête, et envoya tout de suite chercher le bailli. Les gens de justice et le chirurgien examinèrent comment elle pouvait s'être tuée ; et on trouva qu'elle devait être morte sur le coup, ou que n'ayant pu appeler pour avoir du secours, elle était expirée dans son évanouissement.

» Je comprends bien comment cela aura pu arriver. Elle était rentrée chez elle pour aller prendre dans son grenier le sac dans lequel elle devait rapporter la filasse; et comme elle avait encore les yeux troubles de larmes, elle n'avait pas bien vu à poser son pied en descendant sur le plus haut bâton de l'échelle, et elle était tombée la tête la première sur le carreau. Son sac, qui était à côté d'elle, le disait assez. Cependant il vint d'autres idées au bailli. Il ordonna qu'on enterrât le cadavre le lendemain au matin, avant le jour, et sans cérémonie, à l'extrémité du cimetière, et il dit qu'il allait faire des informations pour savoir ce que Julien était devenu. Je lui offris de garder les deux enfants chez moi ; car, bien que j'aie beaucoup de peine à vivre moi-même, je me disais : Le bon Dieu sait que je suis une pauvre veuve, et s'il met ces enfants à ma charge, il saura bien m'aider à les nourrir. Le petit frère de celui-ci n'y a pas resté longtemps. Hier même, quelques heures après que Madeleine eut été enterrée, le bon curé chez qui elle avait servi vint par hasard pour la voir. Il frappa quelque temps à sa porte ; et comme personne n'ouvrait, il vint à ma fenêtre, et me demanda où était Julien le cordonnier, qui demeurait dans la maison d'à côté. Je lui répondis que, s'il voulait se donner la peine d'entrer un moment, j'aurais bien des choses à lui dire. Il entra, et s'assit, tenez, là où vous êtes. Je lui racontai tout ce qui est arrivé. Il versa un torrent de larmes. Je lui dis ensuite que Julien avait eu la pensée d'avoir recours à lui dans l'embarras où il se trouvait. Il parut surpris, et il m'assura qu'il n'avait absolument pas vu Julien. Les deux enfants vinrent à lui : il les caressa beaucoup, et Jacquot lui demanda s'il ne pourrait pas réveiller sa mère qui dormait depuis si longtemps. Les larmes revinrent aux yeux du bon curé en entendant ainsi parler cet enfant; et il me dit : Bonne femme, j'enverrai chercher demain ces deux petits garçons, et je les garderai avec moi. Si leur père revient, et qu'il soit en état de les élever, je les lui rendrai lorsqu'il me les demandera. En attendant, j'aurai soin de leur éducation. Cela ne me fit pas trop de plaisir. J'aime ces petits innocents comme une mère, et il m'en aurait coûté de les voir partir si vite. — Monsieur le curé, lui répondis-je, je ne saurais consentir à me séparer de ces enfants : je suis accoutumée à eux, et ils sont accoutumés à moi. — Eh bien ! ma bonne femme, il faut que vous m'en donniez un, et moi je vous laisserai l'autre, puisqu'il doit se trouver si bien auprès de vous : je vous enverrai de temps en temps quelque chose pour son entretien. — Je ne pouvais refuser cela au bon curé. Il demanda à Jacquot s'il ne serait pas bien aise d'aller avec lui. — Là où est ma mère? répondit Jacquot; oh! oui, de tout mon cœur. — Non, mon petit ami, ce n'est pas là. C'est dans ma jolie maison, dans mon joli jardin. — Non, non, laissez-moi ici avec Suzon; j'irai tous les jours voir ma mère ; j'aime mieux aller là que dans votre joli jardin. — Le bon curé ne voulut pas tourmenter davantage l'enfant, qui était allé se cacher derrière les rideaux de mon lit. Il me dit qu'il allait faire emporter par son valet le plus jeune, qui m'aurait donné plus d'embarras que l'aîné, et il me laissa quelque argent pour celui-ci. Voilà, Monsieur, tout ce que j'ai à vous apprendre des parents de Jacquot. Ce qui redouble aujourd'hui ma peine, c'est que

Julien ne revient point, et que les gens de justice font courir le bruit qu'il est allé se jeter dans une troupe de contrebandiers, et que sa femme s'est tuée de chagrin. Ces mensonges ont tellement couru tout le village, qu'il n'y a pas jusqu'aux enfants qui ne les aient dans la bouche ; et lorsque mon Jacquot veut aller avec eux, ils le chassent et veulent le battre. Le pauvre enfant se désole, et il ne sort plus que pour aller sur la fosse de sa mère. »

Après avoir écouté en silence, mais non sans un profond attendrissement, le récit de Suzon, M. de Cursol dit : Digne femme, vous vous êtes conduite bien généreusement envers cette malheureuse famille ; Dieu n'oubliera pas de vous en récompenser.

SUZON. Je n'ai fait que ce que je devais. Nous ne sommes ici-bas que pour nous aider et nous secourir. Je pensais toujours que je ne pouvais rien faire de plus agréable aux regards de Dieu, pour tous les biens que j'en ai reçus, que de soulager de tout mon pouvoir mes pauvres voisins. Ah ! si j'avais pu en faire davantage ! Mais je ne possède rien au monde que ma cabane, un petit jardin où je cueille mes herbes, et ce que je puis gagner par le travail de mes mains. Cependant, depuis huit ans que je suis veuve, Dieu m'a toujours soutenue honnêtement, et j'espère qu'il me soutiendra de même le reste de mes jours.

M. DE CURSOL. Mais si vous gardez cet enfant avec vous, la dépense de sa nourriture pourra vous gêner beaucoup, jusqu'à ce qu'il soit en état de gagner sa vie.

SUZON. Je ferai en sorte qu'il y en ait toujours assez pour lui. Nous partagerons jusqu'à mon dernier morceau de pain.

M. DE CURSOL. Et où prendrez-vous de quoi lui fournir de vêtements ?

SUZON. J'en laisse le soin à celui qui revêt les prairies de gazon et les arbres de feuillage. Il m'a donné des doigts pour coudre et pour filer ; je les ferai servir à habiller notre petit orphelin. Quand on sait prier et travailler, on ne manque jamais.

M. DE CURSOL. Vous êtes donc bien décidée à garder Jacquot avec vous?

SUZON. Toujours, Monsieur. Je ne saurais vivre avec la pensée de renvoyer ce petit orphelin, ou de le renfermer dans une maison de charité.

M. DE CURSOL. Vous êtes apparemment alliée à sa famille?

SUZON. Nous ne sommes alliés que par le voisinage et par la religion.

M. DE CURSOL. Et moi, je vous suis allié à l'un et à l'autre par la religion et par l'humanité. Ainsi je ne souffrirai point que vous ayez seule tout l'honneur de faire du bien à cet orphelin, quand Dieu m'en a fourni plus de moyens qu'à vous. Confiez à mes soins l'éducation de Jacquot; et puisque vous êtes si bien accoutumés l'un à l'autre, et que vous méritez vous-même, par votre bienfaisance, tout ce que son attachement pour sa mère a su m'inspirer en sa faveur, je vous prendrai tous les deux dans mon château, et j'aurai soin de votre sort. Vendez votre jardin et votre chaumière, et venez auprès de moi; vous y serez nourrie et logée pendant votre vie entière.

SUZON, *le regardant avec des yeux attendris.* Ne soyez point fâché contre moi, Monsieur. Que Dieu vous récompense de toutes vos bontés! mais je ne puis accepter vos offres.

M. DE CURSOL. Et pourquoi donc?

SUZON. D'abord, c'est que je suis attachée aux lieux où je suis née, et où j'ai vécu si longtemps : et puis il me serait impossible de me faire au tracas d'une grande maison et à la vue de tous les gens qui la remplissent. Je ne suis pas accoutumée au repos ni à une nourriture délicate; je tomberais malade si je n'avais rien à faire, ou si je mangeais de meilleures choses que de coutume. Laissez-moi donc dans ma chaumière avec mon petit Jacquot. Il ne lui en coûtera pas d'avoir une vie un peu dure. Cependant, si vous voulez lui envoyer de temps en temps quelques secours pour payer ses mois d'école et pour acheter les outils du métier qu'il prendra, le bon Dieu ne manquera pas de vous en payer au centuple : au moins Jacquot et moi nous l'en prierons tous les jours. Je n'ai point d'enfants; Jacquot sera le mien : et le peu que j'ai lui appartiendra lorsqu'il plaira au Seigneur de m'appeler à lui.

M. DE CURSOL. A la bonne heure. Je ne voudrais pas que mes bienfaits pussent vous chagriner. Je vous laisserai Jacquot, puisque vous êtes si bien ensemble. Parlez-lui souvent de moi, pour lui dire que j'ai pris la place de son père, pendant que vous prendrez aussi de votre côté les soins et le nom de la mère qui lui cause tant de regrets. Je vous enverrai chaque mois tout ce qui sera nécessaire pour votre entretien : je viendrai souvent vous voir, et ma visite sera pour vous autant que pour lui.

Suzon leva les yeux vers le ciel, et attacha sur ses lèvres le pan de l'habit de M. de Cursol; puis elle dit à l'enfant : Viens, Jacquot, baise la main de ce monsieur; il veut être ton père. Jacquot baisa la main de M. de Cursol ; mais il dit à Suzon : Comment peut-il être mon père? Il n'a pas de tablier devant lui.

M. de Cursol sourit de la question naïve de Jacquot, et jetant sa bourse sur la table : Adieu, brave Suzon, dit-il; adieu, mon petit ami; vous ne tarderez pas à me revoir. Il alla reprendre son cheval, et prit sa route vers la paroisse du curé qui avait emmené le plus jeune orphelin.

Il trouva le curé occupé à lire une lettre, sur laquelle il laissait tomber quelques larmes. Après les premières civilités, M. de Cursol exposa au digne pasteur le sujet de sa visite, et lui demanda s'il savait ce qu'était devenu le père des deux petits malheureux.

— Monsieur, lui dit le curé, il n'y a pas un quart

d'heure que j'ai reçu de lui cette lettre, écrite à sa femme. Il me l'a adressée avec ce paquet d'argent, pour lui remettre l'un et l'autre, et la consoler de son absence. Sa femme étant morte, j'ai ouvert la lettre : la voici : ayez la bonté de la lire. M. de Cursol prit la lettre avec empressement, et lut ce qui suit :

« Ma chère femme,

» Je ne puis penser sans chagrin que tu aies été dans la peine à cause de mon absence : mais laisse-moi te conter ce qui m'est arrivé. Comme j'étais en chemin pour me rendre chez M. le curé, voici ce qui me vint dans la pensée : Que me servira d'aller faire ainsi le mendiant? Je ne ferai que sortir d'une dette pour entrer dans une autre, et il ne me restera que l'inquiétude de savoir comment la payer. Moi qui suis encore jeune, et qui peux travailler, aller demander tant d'argent! j'aurais l'air d'un débauché ou d'un paresseux. M. le curé a fait notre mariage; il nous aime comme ses enfants ; mais s'il allait me refuser par mépris, ou qu'il fût hors d'état de nous secourir! Et puis, quand il m'avancerait la somme pour un an, serais-je bien sûr de pouvoir la lui rendre? Et si je ne la lui rends pas, ne serai-je pas alors comme un voleur? Je l'aurai trompé. Voilà ce que je me disais, ma chère Madeleine, et je pensai ensuite comment je pourrais nous tirer de peine, toi et moi, d'une manière plus honnête. Je ne savais quel parti prendre. Je poussais bien des soupirs vers Dieu. Enfin il me vint tout-à-coup dans l'esprit : Tu es encore jeune, tu es grand et robuste : quel mal y aurait-il de te faire soldat pour quelques années? Tu sais lire, écrire et compter joliment, tu peux encore faire la fortune de ta femme et de tes enfants; tu peux au moins te débarrasser de tes dettes. Pense que, si tu es rangé, et que tu amasses quelque chose, tu pourras l'envoyer à Madeleine. J'étais depuis une demi-heure dans ces pensées, lorsque je vis de loin venir derrière moi deux soldats. Ils m'eurent bientôt joint. Ils me demandèrent d'où je venais, où j'allais, et si je ne serais pas bien aise de servir le roi. Je fis d'abord comme si je n'avais pas eu de goût pour le métier. Ils me tourmentèrent encore, et me promirent un bon engagement de cinquante écus. Je leur dis qu'à ce prix je pourrais bien m'enrôler pour six ans. Topo, me dirent-ils. Allons, viens avec nous, l'affaire sera bientôt bâclée. Ils m'amenèrent devant un officier. Il me fit toiser, et me demanda si je savais lire, écrire et compter; et quand je lui eus répondu qu'oui, il me fit aussitôt délivrer mon argent; et de cette façon, ma chère Madeleine, me voilà soldat pour sortir d'embarras. Je t'envoie les cinquante écus. Je n'en ai rien voulu garder. Paie tout de suite les trente écus que je dois, et six francs d'intérêt. Avec le reste, tiens ton ménage du mieux que tu pourras. Nourris-toi bien pour faire revenir tes forces. Habille nos enfants et envoie-les bientôt à l'école. Je sais que tu es adroite et diligente : mais avec tout cela, tu ne saurais aller bien loin. Patience ! j'aurai une paye de cinq sous par jour. Je vais voir si je ne pourrai pas épargner sur chaque journée un ou deux sous pour te les envoyer au bout du mois. Je demanderai dans quelque temps un congé pour t'aller voir.

» Ma chère Madeleine, ne t'afflige pas. Confie-toi à Dieu ; six ans sont bientôt passés. Je reviendrai alors à toi, et nous pourrons recommencer à tenir ensemble notre ménage. Mon officier m'a promis d'écrire au bailli pour me faire conserver mon droit de communauté. Elève bien nos enfants; retiens-les à la maison, et fais-leur aimer l'ouvrage. Prie tous les jours avec eux, et dis-leur bien des choses du bon Dieu, et d'être honnêtes gens. Tu es en état de les instruire comme il faut. Vis dans la crainte du Seigneur; prie-le pour moi, et je le prierai pour toi. Réponds-moi promptement, tu n'auras qu'à donner ta lettre au curé pour me la faire tenir. Embrasse pour moi nos deux enfants. Dis à Jacquot que, s'il est bien sage, je lui porterai quelque chose à mon retour. Dieu soit loué de toutes choses ! aime-moi toujours, et je resterai toujours ton fidèle mari.

» JULIEN. »

Les yeux de M. de Cursol s'étaient remplis de larmes pendant la lecture de cette lettre. Lorsqu'il l'eut achevée : Voilà, s'écria-t-il, ce qu'on peut appeler un bon mari, un bon père et un honnête homme! Monsieur le curé, on doit avoir bien du plaisir à faire le bonheur de si braves gens. Je vais acheter le congé de Julien : je paierai ses dettes, et je lui donnerai de quoi reprendre honnêtement son état. Ces cinquante écus resteront pour ses enfants. Ils ont coûté cher à leur père ! Ils seront partagés entre eux le jour qu'ils pourront s'établir. Gardez cet argent dans vos mains, et leur en parlez quelquefois, comme du plus vif témoignage de la tendresse paternelle. Je vous en paierai les intérêts, pour les réunir au capital. Je veux entrer pour quelque chose dans ce dépôt sacré.

Le digne curé était trop oppressé pour être en état de répondre à M. de Cursol. Celui-ci entendit la force de son silence, lui serra la main et partit. Tous ses projets en faveur de Julien ont été exécutés. Julien, rendu au repos, et jouissant d'une aisance qu'il n'a jamais goûtée, serait le plus heureux des hommes sans les regrets de la perte de Madeleine. Il ne trouve de soulagement qu'à s'en entretenir sans cesse avec Suzon. Cette digne femme se regarde comme sa sœur, et se croit la mère de ses enfants. Jacquot ne laisse jamais passer un seul jour sans aller sur la fosse de sa mère. Il a si bien profité des secours de M. de Cursol, que ce généreux gentilhomme a des vues pour lui former l'établissement le plus avantageux. Il a pris le même soin du plus jeune enfant de Julien, et il ne monte jamais à cheval sans se rappeler cette touchante aventure. Lorsqu'il lui survient quelque peine, il va voir les personnes qu'il a rendues heureuses, et il s'en retourne toujours chez lui soulagé de son chagrin.

LES CAQUETS.

Si Aurélie était d'un naturel assez doux, elle n'avait pas moins contracté un défaut bien cruel : c'était de rapporter publiquement tout ce qu'elle croyait remarquer de mauvais dans les autres. L'inexpérience de son âge lui faisait souvent interpréter d'une manière fâcheuse les actions les plus innocentes. Un seul mot, une apparence légère, lui suffisaient pour former d'injustes soupçons; et à peine venaient-ils de s'établir dans son esprit, qu'elle courait les répandre comme des faits avérés. Elle y ajoutait même quelquefois les circonstances que lui avait prêtées son imagination, pour se rendre la chose vraisemblable à elle-même. Vous devez penser aisément combien de maux furent produits par ses récits indiscrets. D'abord toutes les familles de son quartier furent brouillées ensemble. La division se répandit dans chacune d'elles en particulier. Les maris et les femmes, les frères et les sœurs, les maîtres et les domestiques, étaient dans un état de guerre continuel. La confiance était soudain bannie des sociétés où la petite fille entrait avec sa mère. On n'osait plus se permettre devant elle le moindre épanchement. Les personnes d'un caractère faible tremblaient en sa présence, et n'en étaient pas plus disposées à l'aimer. Celles qui avaient plus de fermeté dans l'esprit lui adressaient des reproches terribles. On en vint bientôt à lui fermer toutes les maisons de la ville, comme à une malheureuse créature atteinte de la peste. Mais ni la haine ni les humiliations ne pouvaient la corriger d'un défaut dont l'habitude s'était déjà profondément enracinée dans son esprit.

Cette gloire était réservée à Dorothée, sa cousine, la seule qui voulût encore recevoir ses visites, ou répondre à ses invitations, dans l'espérance de la ramener d'un penchant qui l'entraînait au malheur de sa vie entière.

Aurélie était allée un jour la voir, et avait passé une heure ou deux à lui raconter des histoires malignes de toutes les jeunes demoiselles de sa connaissance, malgré le dégoût que Dorothée témoignait à l'écouter.
— Maintenant, ma petite cousine, lui dit-elle lorsqu'elle eut fini faute de respiration, fais-moi aussi des histoires à ton tour. Tu vois une compagnie assez ridicule pour être en fonds d'anecdotes plaisantes.

— Ma chère Aurélie, lui répondit Dorothée, lorsque je vois mes amies, je me livre tout entière au plaisir de leur société, sans perdre ma joie à remarquer leurs défauts. J'en reconnais d'ailleurs un si grand nombre en moi-même, que je n'ai guère le temps de m'embarrasser de ceux des étrangers. Comme j'ai besoin de leur indulgence, je leur accorde toute la mienne. J'aime mieux fixer mon attention sur leurs bonnes qualités, afin de tâcher de les acquérir. Il me semble qu'il faut n'avoir rien à éclairer dans son propre cœur pour porter le flambeau dans celui des autres. Je te félicite de cet état de perfection dont je suis malheureusement bien éloignée. Continue, ma chère cousine, ces nobles fonctions d'un censeur charitable, qui veut rappeler le genre humain à la vertu en lui montrant la laideur du vice. Tu ne peux manquer de recueillir une bienveillance universelle pour des travaux si généreux.

Aurélie, qui se voyait devenue l'objet de la haine

publique, sentit aisément les railleries piquantes de sa cousine. Elle commença, dans ce moment, à faire des réflexions sérieuses sur le danger de ses indiscrétions. Elle frémit d'horreur sur elle-même en retraçant devant ses yeux tous les maux qu'elle avait causés, et résolut d'en arrêter le cours. Elle eut bien de la peine à se défaire de la coutume qu'elle avait prise d'envisager les choses du côté seul qui pouvait fournir matière à des interprétations défavorables. Mais quelles difficultés peuvent résister à une ferme et courageuse résolution? Elle parvint enfin à ne tourner la pénétration de son esprit observateur que vers les objets dignes de ses éloges; et les jouissances odieuses de la malignité furent remplacées par une satisfaction bien plus pure et bien plus flatteuse. Elle était la première à présenter toutes les actions équivoques sous un point de vue qui les fit excuser. Lorsqu'elle ne pouvait se les offrir à elle-même avec des couleurs favorables : Peut-être, se disait-elle, ne sais-je pas toutes les circonstances de cette aventure. On a eu sans doute des motifs louables que j'ignore. Enfin, si le cas n'était susceptible d'aucune indulgence, elle plaignait le coupable, rejetait sa faute sur une trop grande précipitation, ou sur l'ignorance du mal qu'il pouvait commettre.

Cependant elle fut bien longtemps encore à regagner les cœurs qu'elle s'était aliénés. Elle était déjà parvenue à l'âge de s'établir, et personne ne se présentait pour l'épouser. On l'avait évitée avec tant de soin pendant des années entières, qu'on avait insensiblement perdu son souvenir, comme si sa carrière eût été finie pour le monde.

Elle se croyait déjà abandonnée, et réduite à passer sa vie dans une triste solitude, privée des plaisirs d'un heureux mariage et d'une société choisie d'amis, lorsqu'un étranger fort riche, adressé à son père, l'ayant entendue prendre le parti d'un absent qu'on accusait, fut si touché de la bonté d'un caractère qui sympathisait avec le sien, qu'il crut avoir trouvé la femme la plus propre à faire son bonheur. Il demanda sa main à ses parents, et mit à ses pieds la disposition de son cœur et de sa fortune.

Aurélie, de plus en plus convaincue, par une double expérience, des désagréments attachés au penchant cruel de dévoiler les fautes de ses semblables, et de la joie délicieuse qu'on trouve dans sa propre estime et dans celle des gens de bien, en excusant, par une tendre indulgence, les faiblesses de l'humanité, propose tous les jours son exemple à ses enfants, pour les garantir du malheur dont elle était près de devenir la victime.

SI LES HOMMES NE TE VOIENT PAS, DIEU TE VOIT.

Le petit Fabien revenait un jour des champs avec M. de la Ferrière, son père. C'était un beau jour d'automne, il était chargé de fleurs, et il faisait encore grand chaud.

— Mon papa, dit Fabien en tournant la tête du côté d'un jardin le long duquel ils marchaient alors, j'ai bien soif.

— Et moi aussi, mon fils, lui répondit M. de la Ferrière ; mais il faut prendre patience jusqu'à ce que nous arrivions à la maison.

FABIEN. Voilà un poirier chargé de bien belles poires. Voyez, c'est du doyenné. Ah! que j'en mangerai une avec un grand plaisir!

M. DE LA FERRIÈRE. Je le crois sans peine. Mais cet arbre est dans un jardin fermé de toutes parts.

FABIEN. La haie n'est pas trop fourrée, et voici un trou par où je pourrais bien passer.

M. DE LA FERRIÈRE. Et que dirait le maître du jardin s'il était là?

FABIEN. Oh! il n'y est pas sûrement, il n'y a personne qui puisse nous voir.

M. DE LA FERRIÈRE. Tu te trompes, mon enfant. Il y a quelqu'un qui nous voit, et qui nous punirait avec justice, parce qu'il y aurait du mal à faire ce que tu te proposes.

FABIEN. Et qui serait-ce donc, mon papa?

M. DE LA FERRIÈRE. Celui qui est présent partout, qui ne perd jamais un instant de vue, et qui voit jusque dans le fond de nos pensées : Dieu!

FABIEN. Ah! vous avez raison, je n'y songe plus.

Au même instant il se leva derrière la haie un homme qu'ils n'avaient pu voir, parce qu'il était été assis sur un banc de gazon. C'était un vieillard à qui appartenait le jardin, et qui parla de cette manière à Fabien :

« Remercie Dieu, mon enfant, de ce que ton père t'a empêché de te glisser dans mon jardin, et d'y venir prendre une chose qui ne t'appartenait pas. Apprends qu'au pied de ces arbres on a tendu des pièges pour surprendre les voleurs; tu t'y serais cassé les jambes, et tu serais resté boiteux pour toujours. Mais puisqu'au premier mot de la sage leçon de ton père tu as témoigné de la crainte de Dieu, et que tu n'as pas insisté plus longtemps sur le vol que tu méditais, je vais te donner avec plaisir des fruits que tu désires. »

A ces mots, il alla vers le plus beau poirier, secoua l'arbre, et porta à Fabien son chapeau rempli de poires. M. de la Ferrière voulut tirer de l'argent de sa bourse pour récompenser cet honnête vieillard, mais il ne put jamais l'engager à céder à ses instances.

—J'ai eu du plaisir, Monsieur, à obliger votre enfant, et je n'en aurais plus si je m'en laissais payer. Il n'y a que Dieu qui paye ces choses-là.

M. de la Ferrière lui tendit la main par-dessus la

haie. Fabien le remercia aussi dans un assez joli compliment; mais il lui témoigna sa reconnaissance d'une manière encore plus vive par l'air d'appétit dont il mordait dans les poires, dont l'eau ruisselait de tous côtés.

— Voilà un bien brave homme, dit Fabien à son papa lorsqu'il eut fini la dernière et qu'ils se furent éloignés du vieillard.

M. DE LA FERRIÈRE. Oui, mon ami; il l'est devenu sans doute pour avoir pénétré ton cœur de cette grande vérité, que Dieu ne laisse jamais le bien sans récompense et le mal sans châtiment.

FABIEN. Dieu m'aurait donc puni si j'avais pris les poires?

M. DE LA FERRIÈRE. Le bon vieillard t'a dit ce qui te serait arrivé.

FABIEN. Mes pauvres jambes l'ont échappé belle. Mais ce n'est pas Dieu qui a tendu lui-même ces piéges.

M. DE LA FERRIÈRE. Non, sans doute, ce n'est pas lui-même. Mais les piéges n'ont pas été tendus à son insu et sans sa permission. Dieu, mon cher enfant, règle tout ce qui se passe sur la terre, et il dirige toujours les événements de manière à récompenser les gens de bien de leurs bonnes actions, et à punir les méchants de leurs crimes. Je vais te raconter, à ce sujet, une aventure qui m'a trop vivement frappé dans mon enfance pour que je puisse l'oublier de toute ma vie.

FABIEN. Ah! mon papa, je suis heureux aujourd'hui : de la promenade, des poires et une histoire encore!

M. DE LA FERRIÈRE. Quand j'étais encore aussi petit que toi, et que je vivais auprès de mon père, nous avions deux voisins, l'un à droite, l'autre à gauche de notre maison. Le premier s'appelait Dubois, et le second Verneuil.

M. Dubois avait un fils nommé Silvestre, et M. Verneuil en avait aussi un nommé Gaspard.

Derrière notre maison et celle de nos voisins étaient de petits jardins, séparés les uns des autres par des haies vives. Silvestre, lorsqu'il était seul dans le jardin de son père, s'amusait à jeter des pierres dans tous les jardins d'alentour, sans faire réflexion qu'il pouvait blesser quelqu'un. M. Dubois s'en était aperçu, et lui en avait fait de vives réprimandes, en le menaçant de le châtier s'il y revenait jamais. Mais, par malheur, cet enfant ignorait ou n'avait pu se persuader qu'il ne faut pas faire le mal, même lorsqu'on est seul, parce que Dieu est toujours auprès de nous, et qu'il voit tout ce que nous faisons. Un jour que son père était sorti, croyant n'avoir pas de témoins, et qu'ainsi personne ne le punirait, il remplit sa poche de cailloux et se mit à les lancer de tous les côtés.

Dans le même temps, M. Verneuil était dans son jardin avec son fils.

Gaspard avait le défaut de croire, comme Silvestre, que c'était assez de ne pas faire le mal devant les autres, et que, lorsqu'on était seul, on pouvait faire tout ce qu'on voulait. Son père avait un fusil chargé pour tirer aux moineaux qui venaient manger ses cerises, et il se tenait sous un berceau pour les guetter. Dans ce moment, un domestique vint lui dire qu'un étranger l'attendait dans le salon. Il laissa le fusil sous le berceau, et il défendit expressément à Gaspard d'y toucher. Gaspard, se voyant seul, se dit à lui-même : Je ne vois pas le mal qu'il y aurait à jouer un moment avec ce fusil. En disant ces mots, il le prit, et se mit à faire l'exercice comme un soldat. Il présentait les armes, il se reposait sur ses armes; il voulut essayer s'il saurait aussi coucher en joue et ajuster.

Le bout de son fusil était tourné par hasard vers le jardin de M. Dubois. Au moment où il allait fermer l'œil gauche pour viser, un caillou, lancé par Silvestre, vint le frapper droit à cet œil. Gaspard, saisi d'effroi et de douleur, laissa tomber son fusil. Le coup partit, et aye! aye! on entendit des cris dans les deux jardins.

Gaspard avait reçu une pierre dans l'œil; Silvestre reçut toute la charge du fusil dans une jambe. L'un devint borgne, l'autre boiteux; et ils restèrent dans cet état toute leur vie.

FABIEN. Ah! le pauvre Silvestre! le pauvre Gaspard! que je les plains!

M. DE LA FERRIÈRE. Ils étaient effectivement fort à plaindre ; mais je suis encore plus sensible au malheur de leurs parents, d'avoir eu des enfants indociles et disgraciés. Dans le fond, ce fut un vrai bonheur pour ces deux petits vauriens d'avoir eu cette mésaventure.

FABIEN. Et comment donc, papa?

M. DE LA FERRIÈRE. Je vais te le dire. Si Dieu n'avait de bonne heure puni ces enfants, ils auraient toujours continué de faire le mal lorsqu'ils se seraient vus seuls; au lieu qu'ils apprirent par cette expérience que tout le mal que les hommes ne voient pas, Dieu le voit et le punit.

C'est d'après cette leçon qu'ils devinrent prudents et religieux, qu'ils évitaient de mal faire dans la plus grande solitude, comme s'ils avaient vu s'ouvrir sur eux tous les yeux de l'univers.

Et c'était bien aussi le dessein de Dieu en les punissant de cette manière; car ce bon père ne nous châtie que dans la vue de nous rendre meilleurs.

FABIEN. Voilà un œil et une jambe qui me rendront sage. Je veux éviter le mal et pratiquer le bien, quand même je ne verrais personne auprès de moi. Et, en disant ces mots, ils arrivèrent à la porte de leur maison.

LES MAÇONS SUR L'ÉCHELLE.

Monsieur Durand se promenant un jour avec le petit Albert, son fils, dans une place publique, ils s'arrêtèrent devant une maison qu'on bâtissait, et qui était déjà élevée jusqu'au second étage.

Albert remarqua plusieurs manœuvres placés l'un au-dessus de l'autre sur les bâtons d'une échelle, qui haussaient et baissaient successivement leurs bras. Ce spectacle piqua sa curiosité. — Mon papa, s'écria-t-il, quel jeu font ces hommes-là? Approchons-nous un peu du pied de l'échelle.

Ils allèrent se placer dans un endroit où ils n'avaient aucun danger à craindre. Ils virent un homme qui allait prendre un moellon dans un grand tas, et le portait à un autre homme placé sur le premier échelon. Celui-ci, élevant ses bras au-dessus de sa tête, présentait le moellon à un troisième élevé au-dessus de lui, qui, par la même opération, le faisait passer à un quatrième; et ainsi, de mains en mains, le moellon parvenait en un moment à la hauteur de l'échafaud sur lequel étaient les maçons prêts à l'employer.

— Que penses-tu de ce que tu vois? dit M. Durand à son fils. Pourquoi tant de personnes sont-elles employées à bâtir cette maison? Ne serait-il pas mieux qu'un seul homme y travaillât, et que les autres allassent faire chacun leur édifice?

— Vraiment, oui, mon papa, répondit Albert. Il y aurait alors bien plus de maisons qu'il n'y en a.

— As-tu bien pensé, répondit M. Durand, à ce que tu me dis là, mon fils? Sais-tu combien d'arts et de métiers appartiennent à la construction d'une maison comme celle-ci? Il faudrait donc qu'un homme seul, qui entreprendrait l'édifice, se formât dans toutes ces professions : en sorte qu'il passerait sa vie entière à acquérir ces diverses connaissances, avant de pouvoir être en état de commencer un bâtiment.

Mais supposons qu'il pût s'instruire en peu de temps de tout ce qu'il doit savoir pour cela. Voyons-le tout seul, et sans secours, creuser d'abord la terre pour y jeter ses fondements, aller chercher ensuite ses pierres, les travailler, gâcher le mortier, le plâtre et la chaux, et préparer tout ce qui doit entrer dans la maçonnerie. Le voilà qui, plein d'ardeur, dispose ses mesures, dresse ses échelles, établit ses échafauds ; mais dans combien de temps penses-tu que sa maison puisse être élevée jusqu'au toit ?

— Ah ! mon papa ! je crains bien qu'il ne vienne jamais à bout de l'achever.

— Tu as raison, mon fils ; et il en est de cette maison comme de tous les travaux de la société. Lorsqu'un homme veut se retirer à l'écart et travailler pour lui seul ; lorsque, dans la crainte d'être obligé de prêter ses secours aux autres, il refuse d'en emprunter de leur part, il ruine ses forces dans son entreprise, et se voit bientôt contraint de l'abandonner. Au lieu que si les hommes se prêtent mutuellement leur assistance, ils exécutent en peu de temps les choses les plus embarrassées et les plus pénibles, et pour lesquelles il aurait fallu le cours d'une vie entière à chacun d'eux en particulier.

Il en est aussi de même des plaisirs de la vie. Celui qui voudrait en jouir tout seul n'aurait à se procurer qu'un bien petit nombre de jouissances. Mais que tous se réunissent pour contribuer au bonheur les uns des autres, chacun y trouve sa portion.

Tu dois un jour entrer dans la société, mon fils : que l'exemple de ces ouvriers soit toujours présent à ta mémoire. Tu vois combien ils s'abrègent et se facilitent leurs travaux par les secours mutuels qu'ils se donnent. Nous repasserons dans quelques jours, et nous verrons leur maison achevée. Cherche donc à aider les autres dans leurs entreprises, si tu veux qu'ils s'empressent à leur tour de travailler pour toi.

JULIEN ET ROSINE.

Un jour que M. de Lorme s'amusait à lire dans un coin du salon, où sa femme et sa fille travaillaient en silence à quelque ouvrage de broderie, leur petit Julien arrive essoufflé, les yeux troubles de larmes, les cheveux en désordre, son habit jeté en travers sur ses épaules, et l'un de ses bas roulé sur le talon. Il tenait une raquette à la main : Ma petite maman, venez, venez vite chez la pauvre mère de Christophe et de Frédéric. Ah! maman! ils n'ont rien mangé de la journée! Frédéric m'a prié de jouer à la balle avec lui pour oublier qu'il avait faim, et ils n'auront à dîner que demain après le marché. Je leur ai offert tout mon argent. Croiriez-vous qu'ils n'ont pas voulu le prendre? et je leur ai dit : Venez avec moi, vous verrez. Aussitôt ils ont répondu que nous les avions encore secourus la semaine dernière, et qu'ils n'osaient venir si souvent vous importuner; et puis la pauvre mère Martin s'est mise à pleurer... Mais il ne faut pas que je pleure, car mon papa travaille. (*En pleurant encore plus fort.*) Ah! ma sœur, si tu l'avais vue, tu aurais aussi pleuré, je t'assure. Et Julien, se baissant vers elle, prit un coin de son tablier pour s'essuyer les yeux.

La mère attendrie laissa tomber son ouvrage de ses mains, en regardant son cher Julien; et le père, pour cacher une larme, se couvrit les yeux de son livre. Venez, mes enfants, leur dit la mère en les serrant tous deux contre son cœur; allons voir si nous pourrons soulager ces pauvres malheureux.

Pendant que Frédéric, Christophe et leur mère éplorée embrassaient les genoux de leur bienfaitrice. Rosine tira doucement son frère par le pan de son habit, et lui dit bas à l'oreille : Écoute, tu sais bien ce petit gâteau que ma bonne nous a donné pour notre goûter... — Ah! mon Dieu! s'écria Julien en se retournant tout-à-coup, cela est vrai. Tâche d'amuser ici maman sans faire semblant de rien : je cours le chercher. — Le voilà, reprit Rosine, baisse-toi. Et Rosine, soulevant en cachette le chapeau de Frédéric, qui s'était par hasard trouvé sur la table, fit remarquer à Julien le petit gâteau que sa main légère avait adroitement glissé par-dessous.

LE RAMONEUR.

Une servante imbécile avait farci l'esprit des enfants de ses maîtres de mille contes ridicules sur un homme à tête noire.

Angélique, l'une de ces enfants, vit un jour, pour la première fois, un ramoneur entrer dans la maison. Elle poussa un grand cri, et courut se réfugier dans la cuisine. A peine s'y fut-elle cachée, que l'homme noir y entra sur ses pas.

Saisie d'une mortelle frayeur, elle se sauve par une autre porte dans l'office, et toute tremblante se tapit dans un coin. Elle n'était pas encore revenue à elle-même lorsqu'elle entendit l'homme effrayant chanter d'une voix tonnante, en raclant à grand bruit les pierres de l'intérieur de la cheminée.

Dans un nouvel effroi, elle s'élance de l'endroit où elle était cachée, et sautant par une fenêtre basse dans le jardin, elle court à perte d'haleine vers le fond du bosquet, et tombe presque sans mouvement au pied d'un gros arbre. Là, d'un œil effaré, elle n'osait qu'à peine regarder autour d'elle; tout-à-coup, sur le haut de la cheminée, elle vit encore s'élever l'homme noir.

Alors elle se mit à crier de toutes ses forces : Au secours! au secours! Son père accourut, et lui demanda ce qu'elle avait à crier. Angélique, sans avoir la force d'articuler un seul mot, lui montra du bout du doigt l'homme noir assis à califourchon sur la cheminée.

Son père sourit ; et pour prouver à la petite fille combien peu elle avait raison de s'effrayer, il attendit que le ramoneur fût descendu, puis il le fit débarbouiller en sa présence, et sans autre explication, lui montra de l'autre côté son perruquier qui avait le visage tout blanc de poudre.

Angélique rougit, et son père profita de cette occasion pour lui apprendre qu'il existait réellement des hommes à qui la nature donnait un visage tout noir, mais qui n'étaient point à craindre pour les enfants; qu'il y avait même un pays où les enfants étaient communément nourris par des femmes noires comme du jais, sans que leur teint perdît sa blancheur.

Dès ce moment, Angélique fut la première à rire de tous les contes bizarres que des personnes simples et crédules lui faisaient pour l'effrayer.

LE TRICTRAC.

Grande fut la joie de Sophie et d'Adrien quand M. de Ponthis leur donna un petit trictrac de bois d'acajou, avec des dames d'ébène et d'ivoire, trois jetons de nacre, deux cornets de maroquin, et quelques paires de jolis dés anglais.

Les enfants ne connaissaient pas encore ce jeu; ils prièrent leur papa de leur en donner les premières leçons. M. de Ponthis, qui se mêlait volontiers à tous leurs plaisirs, s'en fit un de les satisfaire. Il jouait alternativement avec l'un et avec l'autre, et celui qui ne jouait pas regardait la partie pour s'instruire.

Je me garderai bien de vous dire comment ils comptaient d'abord du bout du doigt le nombre des points imprimés sur les dés; je ne marquerai pas non plus les écoles qu'ils firent dans le commencement; j'aime mieux vous apprendre qu'au bout d'un mois ils savaient joliment la marche du jeu. Bientôt ils furent en état de jouer seuls ensemble. Sophie était de la première force de son âge pour le *petit-jan*; Adrien, plus ambitieux, tournait toutes ses prétentions vers le *jan de retour*. Peu à peu ils en vinrent au point de n'avoir plus recours à leur papa que dans les grandes difficultés.

Il était un jour témoin de leur partie. Adrien, après quelques mauvais coups, avait perdu la tête, et semblait jouer à reculons. Sophie, qui se possédait à merveille, menait la bredouille grand train.

Adrien, en faisant rouler les dés dans son cornet avant de les pousser, ne manquait jamais de nommer les points qu'il lui aurait fallu pour battre ou pour remplir. Cinq et quatre! six et trois! Point du tout, c'était deux et as, terne ou double deux qui venaient. Il frappait du pied contre terre, fracassait les dames, jetait le cornet après les dés, et s'écriait : Voyez si l'on peut être plus malheureux! c'est bien jouer de guignon!

Sophie, au contraire, sans appeler ses dés, cherchait à s'en procurer un grand nombre de favorables. Se voyait-elle trompée dans son attente, au lieu de se troubler elle-même par des lamentations inutiles, elle réfléchissait sur le moyen de parer cet accident. Il lui arrivait quelquefois d'en tirer de nouvelles ressources, et l'on était tout surpris de lui voir rétablir, en un clin d'œil, le jeu le plus désespéré.

Lorsque la victoire se fut déclarée pour elle avec tous les honneurs du triomphe, elle sortit, par modestie, pour se dérober à sa gloire. Adrien, honteux de sa défaite, n'osait lever les yeux vers son papa. M. de

Ponthis lui dit froidement : Adrien, tu as bien mérité de perdre cette partie.

— Il est vrai, mon papa, celle-là et toutes les autres, pour jouer contre quelqu'un qui a tant de bonheur.

— Il semblerait, à t'entendre, que c'est le hasard qui décide absolument de tout à ce jeu.

— Non, mon papa ; mais on n'amène que des points faits exprès, comme Sophie.

— Il était difficile qu'elle en eût de contraires, de la manière dont elle avait su disposer ses dames. Tu n'as fait attention qu'à ses dés, au lieu de remarquer la marche de son jeu. Que dirais-tu d'un jardinier qui, gouvernant ses arbres au hasard et sans accommoder ses travaux aux variétés des saisons, se plaindrait de ce que ses fruits ne réussissent pas comme ceux de son voisin, attentif à profiter de toutes ces circonstances pour l'avantage de sa culture?

— Oh! mon papa, c'est bien différent.

— Et en quoi? Voyons.

— Je ne veux pas vous le dire, mais je le sens bien.

— Je suis honteux pour toi de te voir employer ces ressources des petits esprits pour défendre leur opiniâtreté dans une mauvaise cause. As-tu réellement vu dans la comparaison que je viens d'employer quelque chose qui l'empêche de se rapporter au sujet dont il était question? Je veux que tu me le dises.

— Eh bien! non, mon papa; je n'y avais seulement pas réfléchi. C'était pour n'avoir pas l'air d'être confondu.

— Tu vois ce que l'on gagne à ces lâches détours. On n'avait que le tort d'un défaut de justesse dans le cœur ! en employant ce faible subterfuge auprès de quelqu'un de raisonnable, crois-tu qu'il en soit la dupe? Jamais il n'y voit que de la petitesse auprès de la raison. On aurait pu d'abord attendre au moins de lui de la pitié; il ne ressent plus que du mépris, sans compter celui qu'on doit s'inspirer à soi-même.

— Mon père, c'est bien dur ce que vous me dites là !

— Tu sais que je suis sans ménagement pour tout ce qui peut tenir du plus loin à l'injustice ou à la bassesse. On ne reçoit ces leçons que d'un père ; et je les donne avec amitié, pour qu'un autre n'ait pas occasion de te les donner avec aigreur. L'aveu que tu m'as fait à la première instance, et d'un mouvement franc de ton âme, me persuade que tu n'auras jamais besoin d'un autre avis. Viens m'embrasser, Adrien.

— De tout mon cœur, mon papa ! je sens que vous me sauvez bien des affronts.

— Je n'ai vu que ce moyen de les prévenir. Mais revenons encore à la comparaison dont j'avais fait usage. Nous pourrons, j'espère, en tirer une instruction plus étendue.

— Voyons, voyons, mon papa ! je ne vous ferai pas de mauvaise chicane ; mais si je la vois tant soit peu clocher, vous me permettrez bien...

— Je ne demande pas mieux, mon ami ; je serai charmé de te voir des idées plus justes : crois qu'un noble amour-propre peut encore trouver quelque satisfaction dans l'aveu même d'une erreur. Il ne se fait point un grand amour pour la vérité, sans un vif sentiment de justice, et la raison qui sait se relever d'une chute est tout près d'en venir à ne plus broncher.

— Je vois qu'il me faut encore longtemps tenir la bride serrée à la mienne.

— Fort bien ; mais lâche un peu les rênes à ton imagination pour me suivre : je te disais qu'un joueur de trictrac doit faire pour son jeu comme un jardinier habile pour son jardin. Si l'un ne songe d'abord qu'à donner une belle tige à son arbre, et à bien développer ses branches pour y recueillir plus de fruits, l'autre ne s'occupe au commencement qu'à fournir ses cases, et à placer ses dames dans un ordre avantageux, pour faire aisément son plein, le ménager lorsqu'il est fait, et en tirer le plus grand nombre de points qu'il puisse rapporter. L'événement des dés ne dépend pas plus de l'un que les variations du temps ne dépendent de l'autre ; mais ce qui dépend également de tous les deux, c'est de se tenir en garde contre les incertitudes du temps, de n'y exposer qu'avec précaution l'objet de leurs travaux. Le cours d'une partie est mêlé de hasards favorables ou contraires, comme celui d'une saison d'influences malignes ou bienfaisantes. Les chances heureuses ressemblent à ces chaleurs douces qui préparent la fertilité, et les revers subits de fortune à ces tempêtes soudaines qui menacent la végétation. L'habileté suprême est de prévoir ces vicissitudes ; de découvrir à propos, l'un son jeu, l'autre son espalier, lorsqu'il n'y a point de danger à craindre, pour hâter leur croissance, et de les garantir ensuite avec soin lorsque la partie ou le temps deviennent orageux.

— Fort bien, mon papa ! jusqu'ici tout cadre à merveille : mais dans une partie de trictrac un bon joueur ne profite pas seulement de ses propres avantages, il profite encore des fautes et des écoles de son adversaire ; au lieu que le jardinier joue tout seul dans votre comparaison.

— Il est vrai ; mais une comparaison ne peut jamais embrasser tous les rapports. La mienne se borne à tous ceux que je viens d'indiquer.

— Croyez-vous ? Eh bien ! je vais la pousser plus loin, moi : je regarde tous les jardiniers d'un village comme jouant entre eux à qui portera le plus de fruits au marché : celui qui sait le mieux conduire son jeu en aura de plus précoces, de plus beaux et en plus grand nombre ; il les vendra mieux si les autres, par ignorance ou par des écoles, en ont moins à vendre ; et c'est lui qui gagnera la partie.

— Comment donc ! voilà qui est fort juste, mon fils. Tu vois quels avantages on peut retirer d'un entretien si raisonnable, où l'on ne cherche pas à se tendre des piéges l'un à l'autre par une méprisable vanité, mais à s'instruire mutuellement et à s'éclairer par un échange de lumières. Je n'avais aperçu qu'une des faces de l'objet que je te présentais ; en y attirant tes regards, je t'ai donné l'occasion d'en apercevoir une qui m'avait échappé, et qui pourrait m'en faire découvrir d'autres à mon tour. Les sciences ne sont ainsi formées que par l'assemblage graduel de toutes les diverses idées que la méditation a fait naître dans l'esprit de ceux qui les cultivent. Je les compare à des lampes qui brûleraient devant des réverbères à mille facettes inégales, mais dont chacune réfléchirait vers un foyer commun les rayons qu'elle reçoit. C'est le faisceau de tous ces traits, plus ou moins vifs, mais tous fortifiés l'un par l'autre, qui fait le grand éclat de lumière qu'on voit briller au point de leur réunion : je serai ravi que tu t'accoutumes de bonne heure à considérer les objets que tu veux connaître par les rapports avec d'autres qui te sont familiers ; à les bien confronter ensemble, et à saisir nettement dans cette comparaison tout ce qui les rapproche ou les éloigne. Cette méthode est la plus naturelle, la plus féconde et la plus sûre : c'est elle qui, appliquée à l'exercice de l'imagination, a formé les Homère, les Milton, les Arioste et les Voltaire ; à l'étude profonde du cœur humain, les Shakspeare, les Molière, les Racine et les La Fontaine; à l'observation infinie de la nature, les Aristote, les Bonnet et les Buffon ; à la méditation des lois, du développement des sociétés et des empires, les Montesquieu, les Rousseau, les Ferguson et les Mably ; enfin, à la pénétration des mystères de l'ordre sublime de l'univers, les Copernic, les Newton, les Kepler, les Halley, les Bernouilli, les Euler, les d'Alembert et les Franklin : tous les premiers hommes dans les divers genres des hautes connaissances, dont je me plais à te citer déjà les noms et la gloire, pour t'inspirer la noble ardeur de t'instruire un jour dans leurs ouvrages immortels.

LE VIEUX CHAMPAGNE.

M. DORVAL, PAULIN, son fils.

PAULIN. Mon papa, je sais où vous trouver un très bon domestique, lorsque vous renverrez le vieux Champagne.

M. DORVAL. Qui t'a chargé de ce soin ? Est-ce que je pense à le renvoyer ?

PAULIN. Vous voulez donc toujours garder ce vieux garçon ? Un jeune domestique ferait, je crois, bien mieux notre affaire.

M. DORVAL. Comment, Paulin ? Voilà une bien mauvaise raison pour se dégoûter d'un ancien serviteur. Tu l'appelles vieux garçon ? tu devrais en rougir, mon fils. C'est à mon service qu'il a vieilli. Ce sont peut-être les soins qu'il a pris de ton enfance et les inquiétudes que lui ont causées tes maladies qui ont avancé son âge. Tu vois donc combien il serait ingrat et déraisonnable de prendre de l'aversion pour lui à cause de sa vieillesse. Et crois-tu avoir plus de raison de me dire qu'un jeune domestique ferait mieux notre affaire ? Ce discernement est au-dessus de ton âge. Il demande plus d'expérience que tu ne peux en avoir acquis. Je te ferai sentir, dans un autre moment, l'avantage qu'un vieux domestique a sur un jeune, pour l'exactitude et la sûreté du service.

PAULIN. Je le crois, puisque vous le dites, mon papa. Mais il porte perruque : et cela fait une drôle de figure de voir un homme en perruque planté debout derrière votre chaise pour vous servir. Je ne puis tourner les yeux sur lui sans me sentir l'envie d'éclater de rire.

M. DORVAL. C'est d'un bien mauvais caractère, mon

fils; je ne te l'aurais jamais soupçonné. Tu sais qu'il a perdu ses cheveux dans une maladie longue et dangereuse. Te moquer de lui, n'est-ce pas insulter à Dieu, qui lui a envoyé cette maladie?

PAULIN. Mais il est grognon, et il n'est pas si éveillé que les autres.

M. DORVAL. Champagne peut être sérieux; il n'est pas grognon. Il est vrai qu'il n'est pas aussi ingambe qu'un jeune drôle de dix-huit à vingt ans. Mais a-t-il mérité pour cela ton aversion? O mon fils! cette pensée me fait frémir. Tu auras donc aussi de l'aversion pour moi, si Dieu me fait la grâce de m'accorder une longue vieillesse?

PAULIN. Oh! non, mon papa, je ne suis pas si méchant.

M. DORVAL. Et crois-tu ne pas l'être de haïr Champagne parce que ses années l'empêchent d'être aussi alerte qu'autrefois?

PAULIN. J'ai tort, mon papa, j'en conviens: et je vous assure que j'ai bien du regret d'avoir...

M. DORVAL. Pourquoi t'interrompre? Quel est ton regret, dis-tu?

PAULIN. Si je vais vous révéler mes fautes, vous vous fâcherez contre moi, et je n'y gagnerai qu'une punition.

M. DORVAL. Tu sais, mon fils, que je n'aime pas à punir, et que je n'emploie ce moyen que bien rarement. C'est par la raison et par la tendresse que je cherche à vous corriger, ta sœur et toi. Je ne connais point la faute que tu as commise; ainsi je ne puis te promettre une exemption absolue de châtiment. Est-ce une condition que tu aurais prétendu mettre à ton aveu? Tu sais quelle est ma tendresse pour toi. C'est la seule caution que je veux te donner. Tu peux t'y reposer avec autant de confiance que sur mes promesses.

PAULIN. Eh bien! mon papa, je vous avouerai que... j'ai appelé Champagne... vieux coquin.

M. DORVAL. Comment? cela est-il possible? As-tu pu oublier ainsi ce que tu dois à un brave homme? Et Champagne t'a-t-il entendu?

PAULIN. Oui, mon papa; c'est ce qui me fâche.

M. DORVAL. C'est très bien d'en être fâché; mais il ne suffit pas de sentir du regret d'avoir outragé personnellement un de nos semblables, on doit sentir le même remords de l'avoir outragé hors de sa présence

PAULIN. Oui, je me repens d'avoir injurié Champagne ; mais, ce qui m'afflige le plus, c'est de l'avoir traité ainsi en face ; car...

M. DORVAL. Tu as commencé de m'ouvrir ton cœur; achève.

PAULIN. Oui, mon papa..... car Champagne, lorsque je l'ai eu ainsi maltraité, s'est mis à pleurer, et il a dit : Ce n'est pas assez des incommodités de mon âge, il faut encore que je sois la risée de l'enfance!

M. DORVAL. Le pauvre Champagne! Je le connais, cette injure lui aura déchiré le cœur. Il est dur, à son âge, d'être le jouet d'un enfant; mais combien l'on doit souffrir lorsqu'on reçoit cette injure d'un enfant qu'on a vu naître, et à qui l'on a rendu des services dont rien ne peut l'acquitter!

PAULIN. Ah! mon papa, combien je suis coupable! Je veux lui en demander pardon ; et soyez sûr que de ma vie il n'aura à se plaindre de moi.

M. DORVAL. Très bien, mon fils. C'est à cette condition seulement que Dieu et moi nous pouvons te pardonner. Nous sommes tous faibles, et nous pouvons nous laisser emporter un moment à nos passions. Mais, revenus à nous-mêmes, il faut nous bien pénétrer du repentir de nos fautes, forcer notre orgueil à les réparer, et travailler de toutes nos forces à nous en garantir dans la suite. Mais je voudrais bien savoir ce qui a pa le porter à cette indignité contre Champagne. T'avait-il offensé ?

PAULIN. Oui, mon papa ; du moins je me le figurais. Je jouais de ma sarbacane, et je visais à lui tirer mes pois au visage. Finissez donc, monsieur Paulin, m'a-t-il dit, ou je vais me plaindre à votre papa. Je me suis fâché de sa menace, et c'est alors que je l'ai injurié.

M. DORVAL. C'est donc de propos délibéré que tu as cherché à le mortifier ?

PAULIN. Je ne puis en disconvenir.

M. DORVAL. C'est ce qui aggrave ta faute, et ce qui lui a arraché des larmes.

PAULIN. Ah ! mon papa, si vous me le permettez, je cours le chercher de ce pas, et lui faire mes excuses. Je ne serai pas tranquille qu'il ne m'ait pardonné.

M. DORVAL. Oui, mon fils, il ne faut jamais différer un instant de remplir son devoir. Je t'attends ici. (*Paulin sort, et revient quelques moments après d'un air satisfait.*)

PAULIN. Mon papa, je suis content de moi : Champagne m'a pardonné de bon cœur. Oh ! je ne crois pas qu'il m'arrive jamais de commettre pareille faute.

M. DORVAL. Dieu veuille t'en préserver ! Sans lui, tu ne peux te répondre de la plus ferme résolution.

PAULIN. Et que dois-je faire pour que Dieu m'en préserve ?

M. DORVAL. Lui demander son secours. Il ne te refusera pas.

PAULIN. Je le lui demanderai du fond de mon cœur. Mais, mon papa, il y a encore une autre chose que je viens de faire sans votre permission, et qui vous fâchera peut-être.

M. DORVAL. Qu'est-ce donc, mon fils ?

PAULIN. L'écu de six francs dont vous m'aviez fait cadeau le jour de ma fête, je l'ai donné à Champagne.

M. DORVAL. Pourquoi en serais-je fâché ? Je trouve fort bien que tu fasses de bonnes actions de toi-même et sans m'en avoir prévenu. Tu peux disposer de tout l'argent que je te donne. C'est ton bien. Tu ne pouvais en faire un meilleur usage. Il faut s'accoutumer de bonne heure à une prudente générosité. Champagne en a-t-il paru bien content?

PAULIN. Il pleurait de joie; et je me réjouissais de le voir pleurer.

M. DORVAL. Je te sais gré de ce sentiment, mon cher fils. Un bon cœur se réjouit toujours d'avoir adouci la misère de ses semblables. Toutes les vertus font naître la joie dans notre âme, mais aucune n'y laisse un souvenir plus long et plus satisfaisant que la bienfaisance.

PAULIN. Ah! si jamais je possède quelques biens, je veux soulager tous ceux qui souffriront autour de moi.

M. DORVAL. La dernière prière que j'adresserai à Dieu sera de fortifier cette vertu dans ton cœur, et de te mettre en état de l'exercer.

PAULIN. Serai-je toutes les fois aussi content qu'aujourd'hui?

M. DORVAL. C'est le seul plaisir qui ne s'affaiblisse jamais. Cherche surtout à le goûter dans l'intérieur de ta maison. Si tes domestiques sont gens de bien, tu dois encore plus gagner leur attachement par de bons procédés que par de l'argent. Il ne faut cependant pas négliger de leur faire de temps en temps de petits cadeaux. Si tu sais les faire à propos et avec grâce, tu feras de tes gens tes plus sûrs amis.

PAULIN. Mais, mon papa, n'ont-ils pas leurs gages?

M. DORVAL. Je vais t'éclaircir ma pensée par l'exemple de Champagne. Je lui donne ses gages, son vêtement et sa nourriture, pour me servir. Lorsqu'il m'a servi, ne sommes-nous pas quittes, et me doit-il quelque chose de plus? Cependant tu sais qu'il prend soin de tout dans la maison; qu'il s'est rendu de lui-même le surveillant de tous les autres domestiques, et qu'il m'a souvent épargné bien des pertes. Il fait tout cela par attachement, et sans aucun ordre particulier, parce que j'ai su mériter sa reconnaissance par quelques dons légers que je lui ai faits dans certaines occasions. Lorsque ton âge te permettra de te répandre dans la société, tu n'entendras, dans toutes les maisons, que des plaintes sur la négligence et l'ingratitude des domestiques. Sois persuadé, mon fils, que c'est le plus souvent la faute des maîtres, pour avoir voulu leur inspirer plus de crainte que d'attachement.

PAULIN. Maintenant, je vous comprends à merveille, et je me servirai un jour de vos leçons et de votre exemple.

M. DORVAL. Tu n'auras jamais lieu de te repentir de les avoir suivis. Je les ai hérités de mon père, et je me souviendrai toujours de ce qu'il avait coutume de nous raconter à ce sujet.

PAULIN. Ah! mon papa, si cela ne vous importune pas, je serai bien aise d'entendre cette histoire.

M. DORVAL. Je me fais un plaisir de t'accorder cette récompense de ton repentir et de ta bienfaisance envers l'honnête Champagne.

« M. de Floré, brave militaire retiré du service, vivait sur ses terres avec une épouse respectable et cinq enfants dignes d'être nés de si honnêtes parents. Les habitants des villages voisins étaient pénétrés pour eux de vénération, et cette famille réunie formait le spectacle le plus touchant qu'on puisse imaginer. La douceur du caractère de M. de Floré et l'ordre qui régnait dans sa maison lui conciliaient la bienveillance et l'admiration de tous ceux qui avaient le bonheur de le connaître. Tous les jeunes gens du canton s'empressaient d'entrer à son service; et lorsqu'il venait à y vaquer une place, soit par la mort, soit par la retraite d'un domestique, cette place était recherchée comme un emploi honorable. Le contentement se peignait sur le visage de tous ses gens. On aurait cru voir des en-

fants respectueux autour de leur père. Ses ordres étaient si justes et si modérés que jamais un seul n'avait eu la pensée de lui désobéir. Un ancien camarade de M. de Floré, nommé M. de Furcy, retiré, comme lui, sur ses terres, mais dans une province éloignée, vint un jour lui rendre visite en passant près de son château pour se rendre à Paris. Après divers propos, la conversation tomba sur les désagréments attachés aux soins d'un ménage. M. de Furcy soutenait que la vigilance sur ses domestiques était l'occupation la plus fatigante pour lui; qu'il n'en avait jamais trouvé que d'insolents, de paresseux, d'inattentifs aux besoins de leurs maîtres. — Oh! pour cela, dit M. de Floré, je n'ai pas à me plaindre des miens. Depuis dix ans, je n'en ai reçu aucun sujet grave de plainte. Je suis très content d'eux, et ils le sont de moi. — C'est, dit M. de Furcy, un bonheur bien peu ordinaire. Il faut que vous ayez quelque secret particulier pour former de bons domestiques, et pour les maintenir dans leur perfection. — Ce secret est très simple, répondit M. de Floré, et le voici, continua-t-il en allant chercher une grande cassette.
— Je ne vous comprends pas, reprit M. de Furcy.
— M. de Floré, sans lui répliquer, ouvrit la cassette. M. de Furcy y vit six tiroirs avec ces étiquettes : *Dépenses extraordinaires. — Pour moi. — Pour ma femme. — Pour mes enfants. — Gages de mes domestiques. — Gratifications.* — Comme j'ai toujours en avant un an de mon revenu, reprit alors M. de Floré, j'en fais six portions au commencement de chaque année. Dans le premier tiroir, je mets une certaine somme inviolablement réservée aux besoins imprévus. Dans le second est celle que je destine à mon entretien. Le troisième renferme l'argent nécessaire pour les dépenses intérieures du ménage et les épingles de ma femme. Le quatrième, tout ce qu'il doit m'en coûter pour l'éducation soignée que je donne à mes enfants. Les gages de mes gens sont dans le cinquième. Dans le sixième

enfin sont les gratifications que je leur accorde. C'est à ce dernier tiroir que je dois le bonheur de n'avoir jamais eu de mauvais domestiques. L'argent de leurs gages est pour ce que leur devoir exige d'eux; mais les gratifications que je leur distribue en certaines occasions sont pour ce qui n'est pas rigoureusement compris dans leur devoir, et que leur seule affection pour moi les engage à faire au-delà de mes ordres et de mes vœux. »

LE CEP DE VIGNE.

Le printemps était revenu après un rude hiver. M. de Surgy était allé se promener à sa maison de campagne avec Julien son fils. Déjà fleurissaient la violette et la primevère; et plusieurs arbres s'étaient déjà parés d'une verdure naissante et de fleurs blanches et incarnat. Ils allèrent par hasard sous une treille, du pied de laquelle s'élevait un cep de vigne rude et tortu, qui étendait tristement et sans ordre ses bras dépouillés.

— Mon papa, s'écria Julien, voyez ce vilain arbre qui me fait les cornes. Pourquoi ne pas l'en arracher et en chauffer le four de Mathurin? Et aussitôt il se mit à le tirailler pour l'enlever de terre, mais ses racines l'y tenaient trop fortement attaché.

— Ne le tourmente pas, dit à son fils M. de Surgy, je veux qu'il reste sur pied; quand il en sera temps, je te dirai mes raisons.

— Mais, mon papa, voyez à côté ces fleurs brillantes des amandiers et des pêchers. Pourquoi ne s'est-il pas aussi bien paré, s'il veut qu'on le garde? Il gâte et il attriste tout le jardin. Voulez-vous que j'aille dire à Mathurin de venir l'arracher?

— Non, te dis-je, mon fils ; je veux qu'il reste sur pied, au moins quelque temps encore.

Julien persistait à le condamner ; son père tâcha de détourner son attention sur d'autres objets, et le malheureux cep de vigne fut oublié.

Les affaires de M. de Surgy l'appelaient dans une ville éloignée ; il partit le lendemain et ne revint qu'au commencement de l'automne.

Son premier soin fut d'aller visiter sa maison de campagne ; il y mena encore son fils. Le soleil était fort chaud ; ils allèrent se mettre à l'abri sous la treille.

— Ah ! mon papa, dit Julien, quelle belle verdure. Je vous remercie d'avoir fait arracher ce vilain bois desséché qui me faisait tant de peine à voir ce printemps, et d'avoir mis à la place ce charmant arbrisseau pour me causer une agréable surprise. Quels fruits ravissants ! Voyez ces belles grappes, les unes violettes, les autres toutes noires ! Il n'y a pas un seul arbre dans tout le jardin qui fasse une aussi belle figure. Ils ont tous perdu leur fruit ; mais lui, voyez comme il en est couvert ; voyez ces grandes feuilles vertes sous lesquelles se cache le raisin ! Je voudrais bien savoir s'il est aussi bon qu'il me paraît beau.

M. de Surgy lui en donna une grappe à goûter ; c'était du muscat. Ses transports recommencèrent ; et combien ils furent plus vifs lorsque son père lui apprit que c'était de ces graines qu'on exprimait la liqueur délicieuse dont il goûtait quelquefois au dessert !

— Te voilà tout étonné, mon fils, lui dit M. de Surgy ; je te surprendrais bien davantage si je te disais que c'est là cet arbre rude et tortu qui te faisait les cornes au printemps. Je vais, si tu veux, appeler Mathurin, et lui dire de l'arracher pour en chauffer son four.

— Oh ! gardez-vous en bien, mon papa ! qu'il prenne tous les autres plutôt que celui-ci : j'aime tant le muscat !

— Tu vois donc, Julien, que j'ai bien fait de n'avoir pas suivi ton conseil; ce qui t'est arrivé se présente souvent dans la vie. On voit un enfant mal vêtu et d'un extérieur peu agréable ; on le méprise, on s'enorgueillit en se comparant à lui, on pousse même la cruauté jusqu'à lui tenir des discours insultants. Garde-toi, mon fils, de ces jugements précipités. Dans ce corps peu favorisé de la nature réside peut-être une âme élevée, qui étonnera un jour tout le monde par ses grandes vertus, ou qui l'éclairera par ses lumières. C'est une tige grossière, mais qui porte les plus beaux fruits.

LES OIES SAUVAGES.

Le jeune Raimond voyait un jour une troupe d'oies sauvages qui traversaient les airs à demi cachées dans les nues, et il admirait la hauteur et l'ordre de leur vol.

M. de Laval se trouvait en ce moment près de lui.

— Mon papa, lui dit Raimond, vous prenez soin de faire nourrir les oies que nous avons dans notre basse-cour; mais les oies sauvages, qui les nourrit?

— Personne, mon ami.

— Comment font-elles donc pour vivre?

— Elles cherchent elles-mêmes leur nourriture. N'ont-elles pas des ailes ?

— Celles de notre basse-cour en ont aussi. D'où vient qu'elles ne savent pas voler?

— C'est que toutes les bêtes apprivoisées sont des animaux dégénérés, qui ont perdu en partie l'usage de leurs forces et de leur instinct.

— Elles ne doivent pourtant pas se trouver plus à plaindre, puisque Marguerite leur fournit abondamment tout ce qu'il leur faut.

— Il est vrai, mon fils, qu'on les nourrit avec soin ; mais tu sais dans quelles vues : pour les manger aussitôt qu'elles sont engraissées. Les autres ne craignent pas ce malheur. En se procurant toutes seules leurs aliments, elles peuvent jouir de tous les droits de la liberté. Il en est ainsi de la vie sociale. Un homme qui serait assez lâche pour se reposer entièrement sur les autres du soin de sa subsistance perdrait toute l'énergie de son esprit, et serait obligé de se vendre pour un morceau de pain. Celui qui se sent au contraire assez de courage pour pourvoir lui-même à ses nécessités, jouit d'une noble indépendance, et ne perd rien de la vigueur de son âme. Ce n'est pas que chacun de nous doive vivre à part, uniquement occupé de lui-même. Ces oiseaux, dont je te propose l'exemple, forment entre eux des sociétés fort bien réglées. On les voit couver les œufs et soigner les petits des mères qui perdent la vie par quelque malheur. Ils se soutiennent aussi mutuellement lorsqu'ils sont fatigués dans leur vol. Chacun se met à son tour à la tête de la troupe pour guider les autres et leur faciliter le voyage. Raimond, ces deux espèces d'oiseaux n'en formaient qu'une originairement. Tu vois quelle différence a mise entre eux leur manière de vivre.

— O mon papa! ne me parlez pas de ramper dans une basse-cour. Vivent ceux qui savent fendre les airs!

LE COMPLIMENT DE NOUVELLE ANNÉE.

Le premier jour de l'an, le petit Porphyre entra de bonne heure dans l'appartement de son papa, qui n'était pas encore levé. Il s'avança, en le saluant gravement, jusqu'à trois pas de son lit; et lui ayant fait encore une inclination respectueuse, il commença ainsi en enflant sa voix :

« Ainsi que les Romains s'adressaient autrefois des vœux le premier jour de l'année, ainsi, mon très honoré père, je viens... ah! je viens... »

Ici le petit orateur demeura court. Il eut beau frapper du pied, se gratter le front, fouiller dans toutes ses poches, le reste de la harangue ne se trouvait point. Le pauvre malheureux se tourmentait et suait à grosses gouttes. M. de Vermont eut pitié de son embarras. Il lui fit signe d'approcher ; et l'ayant embrassé tendrement, il lui dit :

— Voilà un fort beau discours, mon fils. Est-ce toi qui l'as composé ?

— Non, mon papa. Vous avez bien de la bonté. Je n'en sais pas encore assez pour cela. C'est mon frère, qui est en rhétorique. Oh! vous y auriez vu du ronflant. C'est tout en périodes, à ce qu'il m'a dit. Tenez, je vais le repasser, rien qu'une fois, et vous verrez. Voulez-vous toujours que je vous dise celui qui est pour maman? Il est tiré de l'histoire grecque.

— Non, mon ami, cela n'est pas nécessaire. Ta mère et moi, nous vous savons le même gré, à toi et à ton frère.

— Oh! il a bien été quinze jours à le composer, et moi aussi longtemps à l'apprendre. C'est triste qu'il m'échappe précisément lorsqu'il fallait m'en souvenir. Hier encore je le déclamais si bien à votre tête à perruque ! Je le lui récitai d'un bout à l'autre, sans manquer une fois. Si elle pouvait vous le dire !

— J'étais alors dans mon cabinet. Va, je t'ai bien entendu.

— Vous m'avez entendu? Ah! mon papa, que je vous embrasse! Je le disais bien, n'est-ce pas?

— A merveille.

— Oh! c'est qu'il était beau!

— Ton frère y a mis toute son éloquence. Mais, je te

l'avoue, j'aurais mieux aimé deux mots seulement, pourvu qu'ils fussent partis de ton cœur.

— Mais, mon papa, souhaiter tout uniment la bonne année, c'est bien sec.

— Oui, si tu te bornais à me dire : Mon papa, je vous souhaite une bonne année, accompagnée de plusieurs autres. Mais, au lieu de ce compliment trivial, ne pouvais-tu chercher en toi-même ce que je dois désirer le plus vivement dans cette année nouvelle?

— Ce n'est pas difficile, mon papa. C'est d'avoir une bonne santé, de conserver votre famille, vos amis et votre fortune, d'avoir beaucoup de plaisir et point de chagrin.

— Et ne me souhaites-tu pas tout cela?

— O mon papa! de tout mon cœur.

— Eh bien! voilà ton compliment tout fait. Tu vois que tu n'avais besoin de recourir à personne.

— Je ne croyais pas être si savant. Mais c'est toujours comme cela quand vous m'instruisez. Vous me faites trouver des choses que je n'aurais jamais cru savoir. Me voilà maintenant en état de faire des compliments à tout le monde. Je n'aurai qu'à leur adresser celui que je viens de vous faire.

Il peut en effet convenir à beaucoup de gens. Il y a cependant des différences à y mettre, suivant les personnes à qui tu parleras.

— Je sens bien à peu près ce que vous voulez me dire; mais je ne saurais le débrouiller tout seul. Expliquons cela à nous deux.

— Très volontiers, mon ami. Il est des biens en général qu'on peut souhaiter à tout le monde, comme ceux que tu me souhaitais tout-à-l'heure. Il en est d'autres qui ont rapport à la condition, à l'âge et au devoir de chacun. Par exemple, on peut souhaiter à une personne heureuse la durée de son bonheur; à un malheureux, la fin de ses peines; à un homme en place, que Dieu veuille bénir ses projets pour le bien public, qu'il lui donne la force d'esprit et le courage nécessaires pour les exécuter, qu'il lui en fasse recueillir la récompense dans la félicité de ses concitoyens : à un vieillard on peut souhaiter une longue vie, exempte d'incommodités; à des enfants, la conservation de leurs parents, des progrès rapides et soutenus dans leurs études, l'amour de la science et de la sagesse; aux pères et aux mères, le succès de leurs espérances et de leurs soins pour l'éducation de leurs enfants; toutes sortes de prospérités à nos bienfaiteurs, avec la continuation de leur bienveillance. On ne doit pas même oublier ses ennemis, et adresser des vœux au ciel pour qu'il les fasse revenir de leur injustice, et qu'il leur inspire le désir de se réconcilier avec nous.

— O mon papa, que je vous remercie! me voilà en fonds de compliments pour tous ceux que je vais voir aujourd'hui. Soyez tranquille, je saurai donner à chacun ce qui lui revient, sans avoir besoin des périodes de mon frère. Mais, dites-moi, je vous prie : on a ces vœux dans le cœur toute l'année; pourquoi la bouche les dit-elle de préférence le premier jour de l'an?

— C'est que notre vie est comme une échelle, dont chaque nouvelle année ferme un échelon. Il est tout naturel que nos amis viennent se réjouir avec nous de ce que nous sommes parvenus à celui-ci, et nous marquent leur vif désir de nous voir monter les autres aussi heureusement. Comprends-tu?

— Fort bien, mon papa.

— Je puis encore t'expliquer ceci par une autre comparaison.

— Ah! voyons, je vous prie.

— Te souviens-tu du jour où nous allâmes visiter Notre-Dame?

— O mon papa! quelle belle perspective on a du haut des tours! on découvre toute la campagne des environs.

— Saint-Cloud s'offrit à notre vue; et comme tes yeux

ne sont pas encore fort exercés à mesurer les distances, tu me proposas d'y aller dîner à pied.

— Eh bien ! mon papa, est-ce que je ne fis pas gaillardement le chemin ?

— Pas mal. Je fus assez content de tes jambes. Mais c'est que j'eus la précaution de te faire asseoir à tous les milles.

— Il est vrai. Ce n'est pas mal imaginé, au moins, d'avoir mis de ces pierres-chiffres sur la route. On voit tout de suite combien on a marché, combien il faut marcher encore, et l'on s'arrange en conséquence.

— Tu viens d'expliquer de toi-même les avantages de la division du temps en portions égales, qu'on appelle années. Chaque année est comme un mille dans la carrière de la vie.

— Ah ! j'entends. Et les saisons sont peut-être les quarts de milles et les demi-milles qui nous annoncent qu'un nouveau mille va bientôt venir.

— Fort bien, mon fils, ton observation est très juste. Je suis charmé que ce petit voyage soit encore présent à ta mémoire. Il peut t'offrir, si tu sais le considérer, le tableau parfait de la vie humaine. Cherche à t'en rappeler toutes les circonstances, et j'en ferai l'application.

— Je ne m'en souviendrais pas mieux si c'était hier. D'abord, comme je me sentais ingambe, et que j'étais glorieux de vous le montrer, je voulus aller très vite, et je faisais je ne sais combien de faux pas. Vous me conseillâtes d'aller plus doucement, parce que la route était longue. Je suivis votre conseil ; je n'eus pas à m'en repentir. Chemin faisant, je vous questionnais sur tout ce que je voyais, et vous aviez la bonté de m'instruire. Quand il se présentait un banc de pierre ou une pièce de gazon, nous allions nous y asseoir pour lire dans un livre que vous aviez porté. Puis nous reprenions notre marche, et vous m'appreniez encore beaucoup d'autres choses utiles et agréables. Je me souviens aussi que je fis, tout en marchant, les quatre vers latins que mon précepteur m'avait donnés pour devoir. De cette manière, quoique le temps ne fût pas toujours beau ce jour-là, quoique nous eussions quelquefois de la pluie et même de l'orage à essuyer, nous arrivâmes frais et gaillards, sans avoir ressenti de fatigue ni d'ennui ; et le bon repas que nous fîmes en arrivant acheva de remplir heureusement cette journée.

— Voilà un récit très fidèle de notre expédition, excepté dans quelques circonstances, que je te sais pourtant gré d'avoir omises, telles que cette action si touchante d'aller prendre un aveugle par la main pour l'empêcher de se casser les jambes contre un monceau de pierres sur lequel il allait tomber; les secours que tu prêtas au petit blanchisseur pour ramasser un paquet de linge qui était tombé de sa charrette ; les aumônes que tu fis aux pauvres que tu rencontrais.

— Eh ! mon papa, croyez-vous que je l'eusse oublié ? Mais je sais qu'il ne faut pas se vanter des bonnes œuvres qu'on peut avoir faites.

— Aussi je me plais à te les rappeler pour te récompenser de ta modestie. Il est juste que je te rende une partie du plaisir que tu me fis goûter.

— Oh ! je vis bien deux ou trois fois des larmes rouler dans vos yeux. J'étais si content ! Si vous saviez combien cela me délassait ! J'en marchais bien plus lestement ensuite. Mais venons à l'application que vous m'avez promise.

— La voici, mon ami. Prête-moi l'attention dont tu es capable.

— Je n'en perdrai rien, je vous assure.

— Le coup d'œil que tu jetas du haut des tours sur tout le paysage qui t'environnait, c'est la première réflexion d'un enfant sur la société qui l'entoure. La promenade que tu choisis, c'est la carrière que l'on se propose de suivre. L'ardeur avec laquelle tu voulais courir, sans consulter tes forces, et qui te fit faire tant de faux pas, c'est l'impétuosité naturelle à la jeunesse, qui l'emporterait à des excès dangereux, si un ami sage et expérimenté ne savait la modérer. Les connaissances agréables que tu recueillis le long du chemin dans notre entretien et dans nos lectures, ton devoir que tu eus encore le temps de remplir, les actes de bienfaisance et de charité que tu exerças, t'adoucirent la fatigue de la route, t'en abrégèrent la longueur, et te la firent parcourir gaiement, malgré la pluie et l'orage; il n'est pas d'autres moyens dans la vie pour en bannir l'ennui, pour y conserver la paix du cœur avec la satisfaction de soi-même, pour se distraire des chagrins et des revers qui pourraient nous accabler. Enfin le bon repas que je te fis faire au bout de ta course n'est qu'une faible image de la récompense que Dieu nous réserve, à la fin de nos jours, pour les bonnes actions dont nous les aurons remplis!

— Oui, mon papa; cela cadre tout juste. Oh! quel bonheur je vois pour moi dans l'année que nous commençons aujourd'hui!

— C'est de toi seul qu'il dépend de la rendre heureuse. Mais revenons à notre voyage. Te souviens-tu lorsque nous arrivâmes à cet endroit que l'on nomme le Point-du-Jour? Le ciel était serein dans ce moment, et nous pouvions voir derrière nous tout l'espace que nous avions parcouru.

— Oh! oui. J'étais fier d'avoir fait tout ce chemin.

— Le serais-tu de même, aujourd'hui que la raison commence à t'éclairer, en portant un regard sur le chemin que tu as fait jusqu'ici dans la vie? Tu y es entré faible et nu, sans aucun moyen de pourvoir à tes besoins et à ta subsistance. C'est ta mère qui t'a donné les premiers aliments, c'est moi qui ai soutenu tes premiers pas. Que t'avons-nous demandé pour prix de nos soins? Rien que de travailler toi-même à ton propre bonheur, en devenant juste et honnête, en t'instruisant de tes devoirs, et en prenant du goût à t'en acquitter.

Ces conditions, tout avantageuses pour toi, les as-tu remplies? As-tu été reconnaissant envers Dieu, pour t'avoir fait naître dans le sein de l'aisance et de l'honneur? As-tu montré à tes parents toute la tendresse, toute la soumission que tu leur dois? As-tu bien profité des instructions de tes maîtres? Ton frère et tes sœurs n'ont-ils jamais eu à se plaindre de quelque mouvement d'envie ou d'injustice de ta part? As-tu traité les domestiques avec douceur? N'as-tu rien exigé de trop de leur complaisance? L'esprit d'ordre et de justice, l'égalité de caractère, la franchise, la patience et la modération que nous cherchons à t'inspirer par nos leçons et par nos exemples, les as-tu?

— Ah! mon papa, ne regardons pas tant dans le passé; j'aime mieux porter ma vue sur l'avenir. Tout ce que j'aurais dû faire, oui, je vous le promets, je le ferai.

— Embrasse-moi, mon fils; j'accepte ta promesse, et j'y renferme tous les vœux que je forme à mon tour pour toi dans ce renouvellement de l'année.

LES TROIS GATEAUX.

Il y avait un enfant qui s'appelait Henri. C'était un fort joli petit garçon, et il aimait plus encore ses livres que ses joujoux. Il fut un jour le premier de sa classe. Sa maman en fut toute joyeuse. Elle y rêva toute la nuit de plaisir, et le lendemain elle envoya un petit pâtissier lui porter un énorme gâteau d'amandes, de pistaches et de citrons confits. Lorsque le petit Henri l'aperçut, il sauta autour de lui en frappant dans ses mains. Il n'eut pas la patience d'attendre qu'on lui donnât un couteau pour le couper; il se mit à le ronger à belles dents, comme un petit chien. Il mangea jusqu'à ce que la cloche sonnât l'heure de l'étude; et lorsque l'étude fut finie, il se remit à manger. Il en mangea encore jusqu'à l'heure de se mettre au lit. Un de ses camarades m'a même assuré que Henri, en se couchant, mit le gâteau sous son chevet, et qu'il se réveilla plusieurs fois la nuit pour le grignoter. Mais il est très sûr, au moins, que le lendemain au point du jour il recommença de plus belle, et qu'il continua ce train toute la matinée, jusqu'à ce qu'il ne restât plus une seule miette de ce grand gâteau. L'heure du dîner arriva; Henri n'avait plus d'appétit, et il voyait avec jalousie le plaisir que prenaient les autres enfants à faire ce repas. Ce fut bien pis encore à l'heure de la récréation. On venait lui proposer des parties de boule, de paume, de volant : il n'avait pas envie de jouer, et ses compagnons jouèrent sans lui, quoiqu'il en crevât de dépit. Il ne pouvait plus se soutenir sur ses jambes; il s'assit dans un coin d'un air boudeur, triste, pâle, abattu. Le principal, très inquiet, eut beau le questionner sur la cause de son mal, Henri ne voulut point l'avouer. Heureusement on découvrit que sa maman lui avait envoyé un grand gâteau, qu'il s'était dépêché de le manger, et que tout le mal venait de sa gourmandise. On envoya aussitôt chercher le médecin, qui lui fit avaler je ne sais combien de drogues plus amères les unes que les autres. Le pauvre Henri les trouvait bien mauvaises; mais il fut obligé de les prendre, de peur de mourir, ce qui lui serait infailliblement arrivé. Au bout de quelques jours de remèdes et d'un régime très rigoureux, sa santé se rétablit enfin; mais sa maman protesta qu'elle ne lui enverrait plus de gâteaux.

 Il y avait aussi dans la pension de Henri un autre enfant qui s'appelait François. François avait écrit à sa maman une lettre fort jolie, où il n'y avait pas une seule rature. Sa maman, en récompense, lui envoya aussi, le dimanche suivant, un gâteau; François dit à lui-même : Je ne veux pas me rendre malade comme ce goulu de Henri. Je ferai durer mon plaisir plus longtemps. Il prit le gâteau, qu'il eut beaucoup de peine à porter, et il alla l'enfermer dans son armoire. Tous les jours, pendant les heures de récréation, il s'esquivait adroitement d'entre ses camarades, montait sur la pointe du pied dans sa chambre, coupait un morceau de son gâteau, et renfermait le reste à double tour. Il continua de même jusqu'au bout de la semaine, et le gâteau n'en était encore qu'à moitié, tant il était grand! Mais qu'arriva-t-il? A la fin le gâteau se dessécha et se moisit; les fourmis trouvèrent aussi le moyen de s'y glisser pour en avoir leur part; en sorte que bientôt il ne valut plus rien du tout, et François fut obligé de le jeter en pleurant de regret; mais personne n'en fut fâché pour lui.

Il y avait encore dans la même pension un enfant dont le nom était Gratien. Lui reçut aussi un gâteau de sa maman. Aussitôt que la pâtisserie fut arrivée, Gratien dit à ses camarades : Venez voir ce que m'envoie maman, il faut tous en manger. Ils ne se le firent pas répéter deux fois; ils coururent autour du gâteau comme tu vois les abeilles voltiger autour de la fleur qui vient d'éclore. Gratien coupa une partie du gâteau en autant de portions qu'il y avait de ses petits amis. Ensuite il prit le reste, et dit : Voici ma portion à moi, je la mangerai demain. Il alla jouer, et tous les autres s'empressèrent de jouer avec lui à tous les jeux qu'il voulait choisir.

Un quart d'heure après, il vint dans la cour un vieux pauvre avec son violon. Il avait une longue barbe toute blanche; et comme il était aveugle, il se faisait conduire par un petit chien qu'il tenait au bout d'une longue corde. Lorsque le vieil aveugle se fut assis sur une pierre et qu'il eut entendu les enfants autour de lui, il leur dit : Mes petits messieurs, si vous voulez, je vais vous jouer les plus jolis airs que je sais. Les enfants ne demandaient pas mieux. Le vieillard accorda son violon, et il leur joua des airs de sarabandes et de toutes les chansons nouvelles de l'ancien temps. Gratien s'aperçut que, tandis qu'il jouait les airs les plus gais, une grosse larme tombait le long de ses joues, et lui dit : Bon vieillard, pourquoi pleures-tu ? Le vieillard lui répondit : Parce que j'ai bien faim. Je n'ai personne dans le monde qui nous donne à manger, à mon chien ni à moi. Si je pouvais travailler pour nous faire vivre tous deux! mais j'ai perdu mes yeux et mes forces. Hélas! j'ai travaillé jusqu'à ma vieillesse, et aujourd'hui je n'ai pas de pain. — Gratien pleurait comme le vieillard. Il s'en alla sans rien dire, et courut chercher le reste du gâteau qu'il avait gardé pour lui ; puis il revint tout joyeux, et mit le gâteau dans les mains du vieillard. Le pauvre aveugle posa son violon à terre, essuya ses yeux, et se mit à manger. A chaque morceau qu'il portait à sa bouche, il en réservait pour le petit chien fidèle qui venait dîner dans sa main. Et Gratien, heureux, debout à son côté, souriait de plaisir.

LA POULE.

Cyprien était heureux d'avoir un père d'un cœur si tendre, d'un esprit si équitable! Lorsqu'il avait été pendant quelques jours sage et diligent, il pouvait se promettre que M. de Tourville ne manquerait pas de lui en témoigner sa satisfaction par une récompense flatteuse. Il avait du goût pour la culture des fleurs et pour le jardinage. Son papa s'en était aperçu, et il profita de cette remarque pour lui procurer, par ce moyen, de nouveaux plaisirs.

Ils étaient un jour à table. Cyprien, lui dit son père, ton précepteur vient de me dire que tu connaissais aujourd'hui l'histoire romaine et la géographie de l'Italie : si dans huit jours tu peux me rendre un compte exact de ce que tu auras appris, je te défie d'imaginer le prix que je réserve à ton application.

Cyprien, comme on peut le croire, retint aisément ce discours. Il travailla toute la semaine sans se rebuter. Que dis-je! il y prit tant de plaisir, qu'en vérité c'eût été à lui d'en récompenser son papa.

Le jour de l'épreuve arriva sans l'inquiéter. Il soutint à merveille son examen. Il savait déjà toute l'histoire des rois de Rome, et il traçait lui-même sur la carte les accroissements progressifs de cet empire naissant.

M. de Tourville, transporté de joie, prit et serra la main de son fils. Allons, lui dit-il en l'embrassant, puisque tu as cherché à me causer du plaisir, il est juste que je t'en procure à mon tour. Il le conduisit, à ces mots, dans le jardin, et lui montrant un carré : Je te le cède, lui dit-il. Tu peux le diviser en deux parties ; cultiver dans l'une des fleurs, et dans l'autre des légumes à ton choix. Ils allèrent ensuite vers une petite loge adossée à la cabane du jardinier. Cyprien y trouva une bêche, un arrosoir, un râteau, et tous les autres instruments du jardinage, fabriqués exprès pour sa taille, et proportionnés à ses forces. Les murs étaient tapissés de paniers et de corbeilles. On voyait sur des planches des boîtes remplies de griffes et d'ognons de fleurs, et des sachets pleins de graines d'herbages; le tout bien étiqueté d'une belle écriture, avec une carte pendante qui marquait le temps des semences et des récoltes.

Il faudrait être encore à l'âge heureux de Cyprien pour se représenter l'excès de sa joie. Son petit coin de terre était pour lui un grand royaume ; et toutes les heures de relâche qu'il perdait auparavant à polissonner, il les employait utilement à cultiver son jardin.

Un jour qu'il en sortait, il oublia imprudemment de tirer la porte après lui. Une poule s'aperçut de son étourderie, et eut la fantaisie d'aller à la chasse sur ses terres. Les planches de fleurs étaient couvertes d'un terreau bien gras, et par conséquent abondant en vermisseaux. La poule, friande de cette nourriture, se mit à gratter de ses pieds et à creuser de son bec pour en déterrer. Elle établit de préférence ses fouilles dans un endroit où Cyprien venait de transplanter des œillets.

Quelle fut la colère du petit garçon lorsqu'à son retour il vit cette jardinière nouvelle labourer de la sorte ses plates-bandes! Ah! maudite bête, lui cria-t-il, tu vas me le payer! Il courut aussitôt fermer la porte, de peur que la victime n'échappât à sa vengeance, et ramassant du sable, des cailloux, des mottes de terre, tout ce qu'il pouvait saisir, il les lui jetait en la poursuivant.

La pauvre poule tantôt courait de toute sa vitesse, tantôt, prenant l'essor, cherchait à s'élever au-dessus des murs : son vol n'allait pas à cette hauteur. Elle retomba malheureusement une fois sur les planches de fleurs de Cyprien, et s'embarrassa des pieds et des ailes dans les touffes de ses plus belles jacinthes.

Cyprien, qui la vit ainsi enchevêtrée, crut tenir sa proie. Deux planches de tulipes et de giroflées le séparaient encore d'elle : emporté par la rage, il les foule lui-même impitoyablement sous ses pieds, pour franchir plutôt l'intervalle. Mais la poule, redoublant d'efforts à l'approche de son ennemi, vient à bout de se dégager, et s'élève de plus belle, emportant à sa patte une jacinthe rose à dix cloches. Cyprien avait saisi son râteau; il le lance de toute la roideur de son bras. Le râteau tournoyant, au lieu d'atteindre son but fugitif, n'atteignit qu'une glace du pavillon du jardin, qu'il mit en pièces, et se fracassa lui-même deux dents en retombant sur le pavé.

Le petit furibond, plus acharné par tous ces malheurs, avait couru prendre sa bêche, et le nouveau combat aurait eu des suites funestes pour son adversaire, qui, de fatigue et d'étourdissement, s'était allé rencogner contre une tonnelle, si M. de Tourville, que le bruit avait dès le commencement attiré à sa fenêtre, ne fût venu à son secours.

A peine Cyprien l'eut-il aperçu, qu'il s'arrêta tout confus, et lui dit : Voyez, voyez, mon papa, le ravage que cette maudite poule a fait dans mon jardin.

— Si tu en avais fermé la porte, lui dit froidement son père, ce dommage ne serait pas arrivé. J'ai vu ta conduite. N'as-tu pas eu honte de rassembler toutes tes forces contre une poule? Elle est privée des lumières de la raison; et si elle a fourragé tes œillets, ce n'était pas pour te nuire, mais pour chercher sa pâture. Te serais-tu mis en fureur contre elle si elle n'avait gratté que dans les orties? Et d'où peut-elle avoir appris à faire une différence entre les orties et les œillets? C'est à toi seul qu'il faut t'en prendre des trois quarts du dégât. Il fallait la chasser avec précaution, pour ne rien endommager de plus. Ma glace et ton râteau ne seraient pas en pièces : toute la perte serait bornée à quelques fleurs. Il n'y a donc que toi de punissable. Si je coupais une branche de ce noisetier, et que je te fisse éprouver le même traitement que tu voulais faire subir à la poule, ne serais-je pas plus juste que toi? Je n'en ferai rien, pour te convaincre qu'il ne dépend que de nous de retenir notre colère. Mais pour la glace que tu m'as cassée, tu voudras bien me la payer de l'argent de tes semaines. Je ne dois pas souffrir de la folie de tes emportements.

Cyprien se retira confondu, et de toute la journée il n'osa lever les yeux sur son père.

Le lendemain, M. de Tourville lui demanda s'il ne serait pas bien aise de l'accompagner à la promenade. Cyprien le suivit, mais d'un air de tristesse qu'il s'efforçait vainement de cacher. Son père s'en aperçut, et lui dit : Qu'as-tu donc, mon fils? tu me parais affligé.

— Eh! mon papa, n'ai-je pas le sujet de l'être? Il y a un mois que j'économise sur mes plaisirs pour faire un petit présent à ma sœur. J'ai ramassé douze francs que je destinais à lui acheter un joli chapeau, et il faut que je vous en donne peut-être la moitié pour la glace que j'ai cassée.

— Je crois que tu aurais eu bien du plaisir à donner à ta sœur cette marque d'amitié; mais il faut que ma glace soit payée la première. Cette leçon t'apprendra, pour toute ta vie, à ne pas t'abandonner à tes fureurs, de crainte d'empirer le premier mal. — Ah! je ne laisserai jamais la porte du jardin ouverte, et je ne m'en prendrai plus aux poules de mes étourderies.

— Mais crois-tu que, dans ce vaste univers, il n'y ait que les poules qui puissent te fâcher?

— Eh! mon Dieu! non. Tenez, la semaine dernière, j'avais laissé ma mappemonde sur la table. Ma petite sœur vint dans mon cabinet, prit une plume et de l'encre, et barbouilla si bien toute la façade du globe, qu'il n'est plus possible de distinguer l'Europe de l'Amérique.

— Tu as donc à te préserver du tort que peuvent te faire aussi tes semblables?

— Hélas! oui, mon papa.

— Sans vouloir te dégoûter de la vie, je t'annonce que tu auras à y supporter bien d'autres dommages que ceux qu'une poule et ta sœur ont pu te causer. Les hommes cherchent leurs plaisirs et leurs intérêts, comme les poules cherchent les vermisseaux; et ils les chercheront aux dépens de tes biens, comme les poules aux dépens de tes fleurs.

— Je le vois bien par l'exemple de Juliette le : petit plaisir qu'elle a pris à faire ses griffonnages m'a coûté ma plus belle carte de géographie.

— Ne pouvais-tu pas prévenir cette perte en serrant la mappemonde dans ton portefeuille?

— Vraiment, oui.

— Songe donc à te comporter toujours si prudemment que personne ne puisse te faire de tort réel; mais si, malgré tes précautions, tu as le malheur d'en éprouver, sache le supporter de manière à ne pas le rendre plus préjudiciable.

— Et par quel moyen, mon papa?

— Par de l'indifférence, s'il est léger; par du courage, s'il est grave. J'ose te proposer pour exemple ma conduite envers M. Duclion.

— Ah! ne me parlez pas de cet homme. Depuis deux ans il ne vous regarde plus; et il n'y a sorte d'horreurs qu'il ne dise de vous dans le monde.

— Sais-tu ce qui le porte à ces indignités?

— Je n'ai jamais osé vous interroger là-dessus.

— C'est la préférence que j'ai obtenue pour un emploi que mon père avait exercé pendant trente-cinq ans avec honneur, et dans lequel j'avais été formé de bonne heure par ses instructions. Il n'avait d'autres titres, pour me le disputer, que son ignorance et son effronterie. Mes droits l'ont emporté sur toute sa faveur. Voilà ce qui m'a valu sa haine et ses calomnies.

— Ah! mon papa, si j'étais aussi grand que lui, je lui ferais bien rengaîner ses propos.

— Je suis de sa taille, et je le laisse dire. La conduite que tu aurais dû tenir avec la poule, je la garde précisément envers lui. Les œillets dont elle a dépouillé la racine en cherchant de quoi se nourir, c'est l'estime publique dont je jouis qu'il travaille à déraciner, pour trouver à assouvir le ver qui le ronge. En cherchant à le punir, je foulerais sous mes pieds le respect et la considération que je me dois à moi-même, comme tu as foulé sous les tiens tes giroflées et tes tulipes. La glace que tu m'as cassée, ton râteau que tu as édenté, ce sont mes biens, mon repos et ma santé que je perdrais dans une vaine et maladroite vengeance. Instruit par l'accident que tu as souffert, tu fermeras désormais ton jardin à la poule : instruit par la méchanceté de mon ennemi, je mets, par ma bonne conduite, une barrière insurmontable entre nous deux. Inaccessible à ses atteintes, je goûte les fruits de ma modération, tandis qu'il se consume dans les efforts de sa malice, jusqu'à ce que les remords viennent le déchirer. En m'affectant de ses outrages, je me ferais la victime qu'il n'aspirait qu'à immoler, et mes dignes amis m'auraient reproché ma faiblesse : mon indifférence pour ses injures le livre à ses propres mépris, et soutient la haute opinion de mon caractère dans l'esprit de tous les gens de bien.

— Ah! mon papa, que de chagrins dans la vie je puis m'épargner en me souvenant de ce que vous venez de m'apprendre.

Comme ils disaient ces mots, ils arrivèrent, sans y songer, à la porte de leur maison. Leur entretien roula sur le même sujet toute la soirée. Ils se séparèrent fort contents l'un de l'autre. Cyprien s'endormit le cœur plein d'une tendre reconnaissance pour les sages instructions qu'il avait reçues, et M. de Tourville avec la satisfaction la plus sensible à un bon père, celle de n'avoir pas vécu inutilement cette journée pour le bonheur de son fils.

LES BOTTES CROTTÉES.

Le jeune Constantin, fier de sa haute naissance, ne se contentait pas de mépriser, dans son opinion, toutes les personnes d'une condition inférieure; il se donnait quelquefois les airs de leur témoigner ouvertement ses mépris. Il voyait l'autre jour un domestique occupé à nettoyer les souliers de son père. — Fi! lui dit-il en passant, le vilain métier! Je ne voudrais pour rien au monde être décrotteur. — Vous avez raison, Monsieur, lui répondit Picard; aussi j'espère bien n'être jamais le vôtre.

Le temps avait été fort mauvais pendant toute la semaine ; mais vers midi le ciel s'éclaircit, et Constantin obtint de son papa la permission d'aller se promener à cheval; ce qui lui fit d'autant plus de plaisir que sa cavalcade avait été interrompue la veille par une pluie affreuse, en sorte que ses bottes n'avaient pas encore eu le temps de sécher.

Transporté de joie, il descendit précipitamment à la cuisine, en criant d'un ton impérieux : Picard, je vais monter à cheval ; cours nettoyer mes bottes. Eh bien! m'obéis-tu? Picard ne fit pas semblant de l'entendre, et continua tranquillement son déjeuner. Constantin eut beau s'emporter contre lui, et l'accabler des injures les plus grossières, Picard se contenta de lui répondre d'un grand sang-froid : Je vous ai déjà dit, Monsieur, que j'espérais n'être jamais votre décrotteur.

M. Constantin, voyant qu'il n'en pouvait rien obtenir malgré ses menaces, retourna plein de rage vers son papa lui porter des plaintes de cette désobéissance. M. de Marsan, qui ne pouvait comprendre pourquoi son domestique refusait de remplir des fonctions comprises dans son emploi, et dont il s'acquittait tous les jours sans attendre de nouveaux ordres, fit appeler Picard, qui lui raconta ce qui s'était passé entre Constantin et lui. Sa conduite fut approuvée de M. de Marsan; et après avoir blâmé celle de son fils, il lui dit qu'il n'avait qu'à nettoyer ses bottes de ses propres mains, ou prendre le parti de rester à l'hôtel. Il défendit en même temps à tous les domestiques de l'aider dans cette opération. Cela vous apprendra, Monsieur, ajouta-t-il, combien il est cruel de ravaler des services utiles à notre bien-être, dont vous devriez adoucir la rigueur par un ton honnête et des égards généreux.

Si cet état vous paraît vil, vous l'ennoblirez en l'exerçant aujourd'hui pour vous-même.

Cette sentence convertit en un chagrin amer toute la joie que Constantin venait d'éprouver. Il aurait bien voulu monter à cheval; le temps était devenu si serein! mais débrotter lui-même ses bottes? il ne pouvait s'y résoudre. D'un autre côté, son orgueil ne lui permettait pas de sortir avec des bottes crottées, pour être un objet de ridicule à tous les cavaliers qu'il trouverait sur son chemin. Il s'adressa successivement à tous les domestiques, dont il voulut corrompre, à prix d'argent, la fidélité; mais aucun n'osait enfreindre les ordres de son maître. Ainsi Constantin fut obligé de rester à la maison, jusqu'à ce que sa fierté se fût enfin abaissée à remplir les conditions qu'on avait exigées. Picard reprit de lui-même le lendemain ses fonctions ordinaires; et Constantin, après les avoir exercées une fois, ne s'avisa plus de chercher à les avilir.

LES FRAISES ET LES GROSEILLES.

Le petit Anselme avait entendu dire à son père que les enfants ne savaient rien de ce qui pouvait leur convenir, et que toute leur sagesse était de suivre les conseils des personnes au-dessus de leur âge. Mais il n'avait pas voulu comprendre cette leçon, ou peut-être l'avait-il oubliée.

On avait partagé entre son frère Prosper et lui un petit carreau du jardin, afin que chacun eût sa portion de terre en propre. Il avait été permis d'y semer ou d'y planter tout ce qu'ils voudraient.

Prosper se souvenait à merveille de l'instruction de son père. Il alla trouver le jardinier, et lui dit : Mon ami Rufin, dis-moi, je te prie, ce que je dois planter dans mon jardin, et comment il faut m'y prendre. Rufin lui donna des ognons et des graines choisies. Prosper courut aussitôt les mettre en terre. Rufin eut la complaisance d'assister à ses travaux et de les diriger.

Anselme levait les épaules de la docilité de son frère. — Voulez-vous, lui dit le jardinier, que je fasse aussi quelque chose pour vous? — Fi donc! lui répondit Anselme; j'ai bien besoin de vos leçons! Il alla cueillir des fleurs, et les planta par la tige dans la terre. Rufin le laissa faire comme il voulut.

Le lendemain, Anselme vit que toutes ses fleurs étaient fanées et penchaient tristement leur front. Il en planta d'autres qui furent dans le même état le jour d'après. Il fut bientôt dégoûté de cette manœuvre. C'était en effet acheter assez cher le plaisir d'avoir des fleurs dans son jardin. Il cessa d'y travailler, et la terre ne tarda guère à se couvrir d'orties et de chardons.

Vers le milieu du printemps, il aperçut sur le terrain de son frère quelque chose de rouge suspendu à des bouquets d'herbes. Il s'approcha : c'étaient des fraises du plus beau pourpre et d'un goût exquis. — Ah! s'écria-t-il, si j'en avais aussi planté dans mon jardin!

Quelque temps après, il vit de petites graines d'une couleur vermeille qui pendaient en grappes entre les feuilles d'un épais buisson. Il s'approcha : c'étaient des groseilles appétissantes, dont la seule vue réjouissait le cœur. — Ah! s'écria-t-il encore, si j'en avais planté dans mon jardin! — Manges-en, lui dit son frère, comme si elles étaient à toi.

— Il ne tenait qu'à vous, ajouta le jardinier, d'en avoir d'aussi belles. Ne méprisez plus à l'avenir les avis de personnes plus expérimentées que vous.

LE CADEAU.

C'est bientôt la fête de mon frère Denis, disait un jour la petite Victoire à madame de Saint-Marcel sa mère. Je ne sais que lui offrir pour bouquet. Ne pourriez-vous pas me donner quelque chose, maman, pour lui faire un cadeau?

MADAME DE SAINT-MARCEL. Je le pourrais, sans doute, ma fille; mais j'aime bien autant lui faire ce cadeau moi-même. Crois-tu que je goûte moins de plaisir que toi à donner? Et puis, fais une petite réflexion. Si je te remets quelque chose pour lui en faire cadeau, c'est moi qui fais le cadeau, et non pas toi.

VICTOIRE. Cela est vrai, maman : mais je voudrais pourtant bien avoir quelque présent à lui faire.

MADAME DE SAINT-MARCEL. Eh bien! Victoire, voyons. Comment faut-il nous y prendre? N'as-tu pas quelque chose à toi? Ton petit oranger, par exemple?

VICTOIRE. Mon oranger, maman, qui me fournit des fleurs pour tous mes bouquets?

MADAME DE SAINT-MARCEL. Et ton agneau?

VICTOIRE. O maman! mon agneau, qui me caresse avec tant d'amitié, et qui me suit partout?

MADAME DE SAINT-MARCEL. Et les tourterelles?

VICTOIRE. Vous savez bien que je les ai nourries au sortir de l'œuf. Ce sont mes enfants à moi.

MADAME DE SAINT-MARCEL. Tu n'as donc rien à donner à ton frère?

VICTOIRE. Pardonnez-moi, maman.

MADAME DE SAINT-MARCEL. Et quoi donc?

VICTOIRE. Vous souvenez-vous de cette bourse à glands et à paillons d'or que ma tante m'a donnée pour mes étrennes? Elle est bien belle au moins.

MADAME DE SAINT-MARCEL. Cela est vrai. Mais penses-tu que ce présent fût bien agréable à ton frère ? Il ne peut en faire usage de longtemps. Tu te rappelles bien que toi-même, lorsque tu la reçus, tu la serras dans le fond d'un tiroir pour ne l'en tirer qu'au bout de quelques années.

VICTOIRE. Mais, maman, c'est toujours un joli cadeau.

MADAME DE SAINT-MARCEL. Non, ma fille ; un joli cadeau, c'est lorsque nous donnons par amitié une chose qui nous fait plaisir à nous-mêmes, et qui doit faire aussi plaisir à celui à qui nous la donnons.

VICTOIRE. Faut-il donc que je donne à mon frère tout ce que j'aime ?

MADAME DE SAINT-MARCEL. Non ; tu peux donner autant ou si peu que tu veux, pourvu que tu y mettes de l'amitié et de la grâce.

VICTOIRE *réfléchit pendant quelques moments, et elle dit :* Eh bien ! je cueillerai pour le bouquet de mon frère les plus jolies fleurs de mon oranger, et je lui ferai présent de mon agneau.

MADAME DE SAINT-MARCEL. Fort bien, Victoire. Voilà qui annonce de l'amitié.

VICTOIRE. Ce n'est pas tout, maman. Je veux tous ces jours-ci sortir avec mon frère, pour que mon agneau s'accoutume à le suivre comme moi. De cette manière l'agneau sera déjà familier avec lui quand je le lui donnerai, et mon frère ne l'en caressera qu'avec plus de plaisir.

MADAME DE SAINT-MARCEL. Embrasse-moi, ma fille. Cette attention délicate double le prix de ton présent. C'est ainsi que la moindre bagatelle devient un objet précieux lorsqu'elle est donnée avec grâce. Tu ne pouvais nous causer une plus grande joie, à moi ni à ton frère.

VICTOIRE, *avec vivacité.* Ni à moi-même non plus.

MADAME DE SAINT-MARCEL. Tu t'en réjouiras encore

davantage quand le jour sera venu, car il faut bien que je sois pour quelque chose dans la fête, et je veux que tu fasses pour moi les honneurs d'une petite collation qu'on servira dans le jardin, à ton frère et à ses meilleurs amis.

Victoire baisa avec transport la main de sa maman: et de ce pas elle courut faire des rosettes d'un joli ruban rose, pour en parer l'agneau le jour qu'elle le présenterait à son frère.

LA RENTE DU CHAPEAU.

Un paysan entra un jour dans une boutique, et mettant son chapeau sur le comptoir, il pria le marchand de lui prêter six francs sur ce gage. — Me prends-tu pour un sot? lui répondit celui-ci. Je ne te prêterais pas deux sous sur une pareille guenille. — Tel qu'il soit, répliqua le paysan, je ne vous le donnerais pas pour vingt écus; et j'ai pourtant bien besoin de l'argent que je vous demande. Il y a huit jours que je vendis ici du blé. Je devais en recevoir le montant aujourd'hui, et je comptais là-dessus pour payer demain ma taille, si je ne veux voir saisir mes meubles. Mais le pauvre homme qui me doit vient d'enterrer son fils. Sa femme est malade de chagrin, et ils ne peuvent me payer que dans huit jours. Comme j'ai pris souvent de la marchandise chez vous, et que vous me connaissez pour un honnête homme, j'ai pensé que vous ne feriez pas de difficulté de me prêter les six francs dont j'ai besoin. Ce n'est rien pour vous, et c'est beaucoup pour moi. En tous cas, voilà mon chapeau qui vous en répond. C'est une caution plus sûre que vous ne pensez. Le marchand ne fit que ricaner en haussant les épaules, et lui tourna le dos sans pitié.

Le comte de *** se trouvait alors par hasard dans la boutique. Il avait écouté avec attention le discours du paysan, et avait été frappé de l'air de probité que respirait sa physionomie. Il s'approcha doucement de lui, et lui mettant six francs dans la main : Voilà ce que vous demandez, mon ami, lui dit-il. Puisque vous trouvez des gens si durs, c'est moi qui aurai le plaisir de vous obliger. Il sortit brusquement à ces mots, en lançant un regard d'indignation au marchand; et son carrosse était déjà loin avant que le paysan, immobile d'étonnement et de joie, fût revenu un peu à lui-même.

Un mois après, le comte de *** traversait le pont Royal dans sa voiture : il entendit une voix qui criait inutilement au cocher d'arrêter. Il mit la tête à la portière, et vit sur le trottoir un homme qui courait à toutes jambes en suivant le pas de ses chevaux. Il tira le cordon pour retenir la bride dans la main du cocher. Aussitôt l'homme s'élance à la portière, et lui dit : Excusez, je vous prie, Monsieur. Je me suis mis hors d'haleine pour vous attraper. N'est-ce pas vous qui me glissâtes, il y a un mois, six francs dans la main, chez un marchand ? Oui, mon ami, je m'en souviens. — Eh bien ? Monsieur, voici votre argent que je vous rapporte. Vous ne m'aviez pas laissé le temps de vous remercier, et encore moins de vous demander votre nom et votre adresse. Le marchand ne vous connaissait pas. Je suis venu me poster ici tous les dimanches pour voir si je vous verrais passer. Heureusement je vous trouve. Je n'aurais jamais été tranquille si je ne vous avais pas rencontré. Que Dieu vous récompense, vous et vos enfants, du service que vous m'avez rendu ! Je me félicite, lui répondit le comte, d'avoir obligé un si honnête homme ; mais je vous avoue que je ne m'attendais pas à me voir rentrer cet argent. C'était un petit présent que j'avais intention de vous faire. — Je n'en savais rien, Monsieur : et puis je ne reçois point d'argent que lorsque je le gagne. Je n'avais rien fait pour vous, et vous aviez assez fait pour moi en me le prêtant. Daignez le prendre, je vous en supplie. — Non, mon ami ; il n'appartient plus ni à vous ni à moi. Faites-moi le plaisir d'en acheter quelque chose pour vos enfants, et de leur présenter ce petit cadeau de ma part. — A la bonne heure, Monsieur ; j'aurais mauvaise grâce de vous refuser. — Voilà qui est fini, n'en parlons plus. Mais éclaircissez-moi une chose qui n'a pas cessé de tourmenter ma curiosité depuis l'autre jour. Par quelle confiance osiez-vous demander six francs sur votre chapeau, qui vaut à peine six sous ? — C'est qu'il vaut tout pour moi, Monsieur. — Et comment donc, je vous prie, mon ami ? — Je vais vous en faire l'histoire.

Il y a quelques années que le fils unique du seigneur de notre village, en glissant sur les fossés du château, tomba sous la glace. Je travaillais près de là ; j'entendis des cris, j'accourus, je me jetai tout habillé dans le trou, et j'eus le bonheur d'en retirer l'enfant et de le porter vivant à son père. Mon seigneur ne fut pas ingrat de ce service. Il me donna quelques arpents de terre, avec une petite somme pour y bâtir une cabane, monter mon ménage et me marier. Ce n'est pas tout : comme j'avais perdu mon chapeau dans l'eau, il posa le sien sur ma tête, en me disant qu'il aurait voulu y mettre une couronne à la place. Vous voyez à présent si je ne dois pas aimer beaucoup ce chapeau. Je ne le porte guère aux champs. Tout m'y rappelle assez la mémoire de mon bienfaiteur, quoiqu'il soit mort. Mes enfants, ma femme, ma chaumière, ma terre, il n'est rien qui ne me parle de lui. Mais lorsque je viens à la ville, je porte toujours mon chapeau, pour avoir sur moi quelque chose de son souvenir. Je suis fâché seulement qu'il commence à s'user. Voyez-vous ? il s'en va. Mais tant qu'il en restera un morceau, il sera toujours sans prix à mes yeux.

Le comte avait été vivement attendri de ce récit. Il prit son portefeuille, en tira une lettre; et donnant l'enveloppe au paysan : Tenez, mon ami, lui dit-il, je suis obligé de vous quitter; mais voici mon adresse. Faites-moi le plaisir de venir me voir dimanche au matin.

Le paysan ne manqua point au rendez-vous. Aussitôt qu'il fut annoncé, le comte courut au-devant de lui, et le prenant par la main, il lui dit : Mon cher ami, vous ne m'avez point sauvé un fils unique; mais vous m'avez rendu un service : c'est de me faire aimer davantage les hommes, en me prouvant qu'il est encore des cœurs pleins d'honnêteté et de reconnaissance. Puisque les chapeaux figurent avec tant d'honneur sur votre tête, en voici un. Je ne demande point que vous quittiez celui de votre bienfaiteur; seulement, lorsqu'il ne vous sera plus possible de le porter, je vous demande la survivance pour le mien; et chaque année, à pareil jour, vous en trouverez ici un autre pour le remplacer.

Cette fondation n'était qu'un honnête prétexte dont se servait le comte pour ménager la fierté du paysan. Il savait trop bien qu'on ne doit chercher qu'à élever les sentiments de ceux qu'on oblige. Après avoir gagné son cœur par cette première liaison, il prit assez d'empire sur lui pour avoir le droit de répandre l'aisance dans la famille, que des malheurs avaient presque ruinée; et il eut la joie de la voir presque aussi heureuse de sa reconnaissance qu'il l'était lui-même de ses bienfaits.

MAURICE.

I

Orléans.

Mon cher fils, ne t'afflige pas trop de ce que j'ai à t'apprendre par cette lettre. Je voudrais te le cacher; mais je ne le puis pas. Ton père est dangereusement malade, et, sans un miracle exprès du ciel, nous allons le perdre. Mon cœur se brise lorsque j'y pense. Depuis six jours je n'ai pas fermé l'œil, et je suis si faible que j'ai peine à tenir ma plume. Il faut que tu reviennes sur-le-champ. Le cocher qui te remettra cette lettre doit te prendre dans sa voiture. Ton père désire ardemment de te voir. « Maurice! mon cher Maurice! si je pouvais l'embrasser avant de mourir! » Voilà ce qu'il a répété plus de cent fois dans la journée. Oh! que n'es-tu déjà ici! Ne perds pas un moment. Viens, mon cher enfant. J'attends la journée de demain avec la plus vive impatience, et je suis toujours ta bonne mère,

CÉCILE LAFORÊT.

II

Orléans.

Monsieur et cher cousin, c'est à vous seul que je m'adresse; c'est près de vous que j'espère trouver des secours dans des malheurs trop accablants pour une femme. Dieu m'a ravi ce que j'avais de plus cher sur la terre, mon digne époux. Vous savez comme il était tout pour moi. Il y a huit jours qu'il me fit rappeler notre fils du collège. Lorsque Maurice arriva près de son lit, il lui tendit la main ; et à peine lui eut-il donné sa bénédiction qu'il mourut. Avec lui sont passés les jours de mon repos et de mon bonheur. Me voilà dans l'état le plus désolant pour une femme et pour une mère. Encore si je souffrais toute seule ; mais auprès de moi soupire mon pauvre fils. Il ne sait pas encore combien est malheureux un jeune orphelin. Il me brise le cœur lorsqu'il presse mes mains, qu'il prononce le nom de son père, en versant des larmes et en me regardant. Il n'y a qu'une mère qui puisse se former une idée de ces supplices. Lorsque je veux chercher à le consoler, ma tristesse m'en empêche ; car c'est lui qui fait ma plus grande douleur. Comment le nourrirai-je ? Mon pauvre mari ne m'a rien laissé, et mes mains sont trop faibles pour le travail. Auprès de qui chercherai-je donc des secours, si ce n'est auprès de vous ? c'est sur vous seul que repose mon espérance. Dieu, sans doute, disposera votre cœur à secourir une pauvre et malheureuse veuve. Montrez que les nœuds du sang qui nous lient sont sacrés. Je vous remets mon fils. Tout ce que vous ferez pour lui, vous le ferez pour moi et pour la mémoire d'un homme qui vous aimait. Ce que Dieu m'a laissé de forces et de courage, je l'emploierai à gagner ma vie par mon travail ; mais pour élever convenablement mon fils, je n'en suis pas en état. Je vous l'abandonne entièrement. Il me sera cruel de le voir sortir de mes mains ; mais je sais obéir à la nécessité. Cependant une pensée me console : c'est que je le confie à la grâce d'un Dieu bienfaisant et aux bontés d'un parent généreux. Soyez pour lui ce qu'était son père. Je ne puis en dire davantage. Vous tenez dans vos mains mon repos et le bonheur de mon fils. Dieu vous bénira à jamais pour votre générosité. Il vous récompensera, même en ce monde, de ce que vous aurez fait en faveur de deux malheureux de votre sang. Je suis, avec la plus profonde douleur d'une mère infortunée, etc.

CÉCILE LAFORÊT.

III

Paris.

Madame et chère cousine, votre lettre du 7 courant, dans laquelle vous m'annoncez la mort de votre époux, m'a extrêmement affligé; je partage votre douleur. Cependant je ne puis m'empêcher d'être fort surpris que vous veuilliez chercher votre secours auprès de moi seul. Est-il donc absolument nécessaire que votre fils continue ses études, et qu'il donne au monde un demi-savant de plus? N'est-il pas beaucoup d'autres professions où il puisse rendre d'aussi grands services à la société, à travailler plus utilement à sa fortune? Considérez vous-même comment il pourrait s'avancer sans biens et sans appui. Vous connaissez trop le monde pour qu'il me soit nécessaire de vous en démontrer l'impossibilité. D'un autre côté, il vous serait insupportable à vous-même de le voir à charge à des personnes étrangères. Vous me parlez des nœuds du sang; mais ma propre famille, qui est très nombreuse, me les rappelle plus fortement encore; et je vous prie de croire que j'ai beaucoup de peine à l'entretenir d'une manière convenable. Tout ce que je puis faire, c'est de placer votre fils chez un marchand d'étoffes à Rouen, nommé M. Dupré, avec qui je suis en liaison d'affaires. Je vous donne ma parole qu'il sera fort bien traité chez lui. Réfléchissez mûrement à ce que je vous propose, et mandez-moi votre résolution et celle de votre fils. Recevez, je vous prie, la lettre de change de quatre louis d'or ci-incluse, comme une preuve de l'intérêt que je prends à votre malheureuse situation. Je vous prie de me croire toujours, madame et chère cousine, etc.

IV

Orléans.

Monsieur le principal, j'aurais bien des choses à vous écrire si j'en avais la force. Je commence d'abord en pleurant; et maman, qui est assise auprès de moi, me regarde, et elle pleure aussi. Vous devez déjà savoir que mon papa est mort. Vous voyez que ce que vous m'avez prédit n'est pas arrivé. Vous me disiez de ne pas être inquiet, que je trouverais peut-être en arrivant ici mon papa hors de tout danger. Hélas! il est pourtant mort: je ne suis plus qu'un pauvre orphelin; il faut que je devienne apprenti de commerce, et que j'aille à Rouen, chez M. Dupré. Je ne veux pas vous dire combien cela me fait de peine. Maman cherche toujours à me consoler, et me dit que les marchands sont aussi d'honnêtes gens et des gens utiles, et que lorsqu'ils ont appris quelque chose, ils n'en font que mieux leurs affaires. Mais à quoi cela vous sert-il quand vous n'avez pas de goût pour le métier? Portez-vous bien, monsieur le principal; je penserai toujours à vous. J'espère aussi que vous ne m'oublierez pas. Je vous remercie de tout ce que vous avez fait pour moi. On dit que M. Dupré me mènera dans ses voyages. S'il va du côté de Paris, j'irai vous voir; et si je deviens jamais gros marchand, vous pourrez prendre dans mon magasin tout ce qu'il vous plaira, sans qu'il vous en coûte jamais un sou. Adieu, monsieur le principal; je suis et serai toujours, comme vous m'appeliez, votre petit ami,

MAURICE.

V

Orléans.

MAURICE, MADAME LAFORÊT.

MAURICE. Ah! ma chère maman! voilà déjà la voiture.

MADAME LAFORÊT, *les yeux baignés de larmes.* Mon cher fils, tu vas donc me quitter?

MAURICE. Oh! ne pleurez pas tant, je vous prie; autrement je serais triste dans toute la route. Où sont mes gants? Ah! je les ai aux mains. Je ne sais plus ce que je fais.

MADAME LAFORÊT. Qu'il m'en coûte de me séparer de toi! Je veux au moins t'accompagner jusqu'à la dernière barrière.

MAURICE. Mais, ma chère maman, vous êtes déjà si malade et si faible!

MADAME LAFORÊT. Ce n'est qu'une demi-lieue, et je saurai bien m'en retourner à pied.

MAURICE. Je le voudrais aussi; mais vous savez que le médecin a dit qu'il fallait vous ménager. Si vous reveniez encore plus malade à la maison, que vous fussiez obligée, comme mon papa, de vous coucher et de mourir, c'est moi qui en serais la cause. Non, je ne veux pas que vous sortiez, ou je reste.

MADAME LAFORÊT. Eh bien! mon cher fils, c'est moi qui resterai.

MAURICE. Oui, oui, demeurez ici; et quand je serai au détour de la rue, allez vous coucher, et tâchez de bien dormir.

MADAME LAFORÊT. Oui, si je pouvais.

MAURICE. Adieu, adieu, ma chère maman.

MADAME LAFORÊT. Porte-toi bien, mon cher fils,

Que le bon Dieu soit toujours avec toi. Sois pieux, honnête, appliqué ; fais la joie de ta mère.

MAURICE. Vous verrez, je ferai votre joie.

MADAME LAFORÊT. Écris-moi régulièrement, au moins tous les quinze jours.

MAURICE. Toutes les semaines, maman : vous m'écrirez aussi.

MADAME LAFORÊT. Peux-tu me le demander ? Je n'aurai plus d'autre plaisir sur la terre. Mais nous reverrons-nous encore en ce monde ?

MAURICE. Oh ! sûrement, nous nous reverrons. Je remplirai si bien mon devoir, que j'obtiendrai la permission de venir vous voir dans six mois.

MADAME LAFORÊT. Oui, mon enfant ; et tu resteras ici quinze jours. Oh ! si ce temps était déjà venu.

MAURICE. Maman, voyez, le cocher qui s'impatiente. Il faut que je vous quitte.

MADAME LAFORÊT. Encore un baiser, mon cher fils. Adieu, Maurice, adieu. (*Ils se font signe de la main jusqu'à ce qu'ils se perdent de vue*).

VI

Rouen.

M. DUPRÉ, *marchand d'étoffes de soie* ; **MAURICE**.

M. DUPRÉ. Que m'apportez-vous là, mon joli monsieur ?

MAURICE. Une lettre qui nous regarde vous et moi. Je suis le petit Laforêt ; vous devez savoir de quoi il est question.

M. DUPRÉ. Ah ! tu es le petit Laforêt ? Je suis bien aise de te voir. Ta physionomie me revient assez. As-tu du goût pour le commerce ?

MAURICE, *en soupirant*. Hélas ! oui, Monsieur.

M. DUPRÉ. Tu as été quelque temps au collège ; sais-tu lire ?

MAURICE. Je le savais déjà que je n'avais que cinq ans ; et j'en ai dix.

M. DUPRÉ. Il faut que ton père t'ait fait instruire de bonne heure. Sais-tu aussi écrire et compter ? Combien font 6 fois 8 ?

MAURICE. 48 ; et 6 fois 48 font 288 ; et 6 fois 288 font... attendez un peu... font 1728 ; et ajoutez-y 54, cela fait 1782, tout juste le compte de l'année où nous sommes.

M. DUPRÉ. Comment donc ? tu comptes déjà comme un banquier. Je suis enchanté d'avoir un petit garçon aussi instruit dans mon comptoir.

MAURICE. Vous verrez comme je vais travailler pour devenir bientôt votre premier commis. J'espère aussi que vous me traiterez avec douceur.

M. DUPRÉ. C'est selon la manière dont tu te comporteras.

MAURICE. Je ne demande pas mieux. Mais, Monsieur, vous trouverez bon que je mange à votre table. Maman n'entend pas que je mange avec les domestiques.

M. DUPRÉ. Je ne veux pas te répondre de cet article. C'est l'usage parmi les apprentis.

MAURICE. Je vous en prie, de grâce, Monsieur. Je ferai d'ailleurs tout ce qui dépendra de moi pour vous contenter. Mais ne m'envoyez pas manger à la cuisine. J'aime mieux faire mes repas tout seul. Un morceau de pain dans ma chambre, c'est tout ce qu'il me faut.

M. DUPRÉ. J'en parlerai à ma femme, et nous verrons à te satisfaire.

MAURICE. Oh ! quand vous me présenterez à elle, je veux lui baiser la main, et la prier si instamment...

M. DUPRÉ. Ha ! ha ! est-ce que tu as aussi du talent pour la cajolerie ?

MAURICE. Avez-vous des enfants, Monsieur ?

M. DUPRÉ. Oui, un fils et une fille.

MAURICE. Tant mieux. Sont-ils plus grands ou plus petits que moi ?

M. DUPRÉ. Ils sont à peu près de ton âge.

MAURICE. Vous voudrez bien me laisser jouer avec eux lorsque j'aurai fini ma besogne. Je sais une foule de petites drôleries. Et puis, je chiffre assez joliment ; je peux leur montrer ce que je sais.

M. DUPRÉ. Tu vas devenir le précepteur de toute la maison. Je vois que nous serons bons amis, si tu te comportes comme il convient.

MAURICE. Oh ! vous n'aurez pas de reproches à me faire. J'aime trop maman pour m'exposer à l'affliger.

M. DUPRÉ. Allons, viens avec moi ; je veux te présenter à ma femme. Nous verrons comment tu t'y prendras pour la cajoler.

MAURICE. Je ne veux que lui parler de maman pour m'en faire aimer à la folie, puisqu'elle est mère aussi, et qu'elle est sans doute aimée de ses enfants.

VII

MADAME DE SAINT-AULAIRE, *jeune et riche veuve ;* MAURICE.

MAURICE, *portant un rouleau de satin sous son bras.* Votre serviteur, Madame. M. Dupré vous présente ses très humbles respects, et vous envoie douze aunes de satin, sur l'échantillon que vous lui avez donné. Vous savez le prix.

MADAME DE SAINT-AULAIRE. Il m'a demandé treize francs au premier mot. C'est un peu cher.

MAURICE. N'auriez-vous pas une aune chez vous, Madame ?

MADAME DE SAINT-AULAIRE. M. Dupré est un honnête

homme, je ne mesure jamais après lui. Combien cela fait-il ?

MAURICE. Cent cinquante-six livres, Madame.

MADAME DE SAINT-AULAIRE. C'est beaucoup d'argent. Mais c'est aujourd'hui ma fête, et je ne suis pas d'humeur de marchander. T'a-t-il dit de te charger du montant ?

MAURICE. Oui, Madame, si vous me le donnez.

MADAME DE SAINT-AULAIRE. Voilà six louis et demi. Prends garde de n'en rien perdre.

MAURICE. Oh ! sûrement... Mais vous ne voulez donc pas marchander, Madame ?

MADAME DE SAINT-AULAIRE. A quoi bon cette question ?

MAURICE. A rien. Mais marchandez toujours, croyez-moi.

MADAME DE SAINT-AULAIRE. Et pourquoi donc ?

MAURICE. C'est qu'alors j'aurais vingt sous par aune à rabattre : M. Dupré me l'a dit. Vous ne devez pas payer cette étoffe plus cher, puisqu'il peut vous la donner à meilleur marché.

MADAME DE SAINT-AULAIRE. Voilà un trait de délicatesse de ta part qui me ravit. En ce cas-là, mon enfant, je marchande.

MAURICE. Eh bien ! c'est douze francs à vous rendre.

MADAME DE SAINT-AULAIRE. Ils sont pour toi, mon ami. Je veux que tu t'en divertisses le jour de ma fête.

MAURICE. Madame, je ne les prendrai pas.

MADAME DE SAINT-AULAIRE. Tu les prendras ; je te les donne.

MAURICE. Et si M. Dupré ne le trouvait pas bon ?

MADAME DE SAINT-AULAIRE. Cela me regarde. Je le prends sur moi.

MAURICE. Oh ! que je suis aise ! Je vous remercie mille et mille fois, Madame. Cet argent ne restera pas longtemps dans ma poche. Je vais tout de suite l'envoyer à ma chère maman, et je lui parlerai de vous dans ma lettre. Je cours lui écrire aussitôt.

MADAME DE SAINT-AULAIRE. Non, non : je ne te laisse pas aller si vite. Je vois que nous avons bien des choses à nous dire. Apprends-moi d'abord qui est ta maman, et où elle demeure.

MAURICE. Ah! maman est la pauvre veuve d'un médecin d'Orléans. Mon papa est mort il y a deux mois. Il n'a rien laissé après lui, parce qu'il aimait mieux soigner les pauvres que les riches. Et puis il est resté deux ans malade, c'est ce qui l'a ruiné. Il avait cependant gagné assez dans le commencement pour me tenir en pension à Paris, au collége d'Harcourt. On m'en a rappelé parce que mon papa voulait m'embrasser avant de mourir. Maman s'est trouvée hors d'état de me soutenir dans mes études. Un de mes cousins m'a fait entrer chez M. Dupré, où je suis apprenti de commerce. Si mon cousin, lui qui est si riche, avait voulu, je serais retourné au collége, et j'aurais été médecin. Ah! j'aurais eu bien du plaisir à étudier pour être un jour le médecin de maman. J'ai toujours été des premiers dans mes classes, et mes régents étaient bien contents de moi. La première fois que vous aurez besoin d'étoffes, je vous apporterai une lettre du principal, que j'ai reçue il y a huit jours. Vous verrez s'il m'aimait. Oh! il m'aimera toute sa vie, à ce qu'il me dit.

MADAME DE SAINT-AULAIRE. Je n'ai pas de peine à le croire, mon cher enfant. Tu m'as déjà inspiré beaucoup d'amitié, quoique je te voie aujourd'hui pour la première fois. Mais, dis-moi, serais-tu bien aise de quitter le comptoir et de retourner à la pension?

MAURICE. Ah! si Dieu le voulait! Mais maman ne le peut pas : elle n'a pas d'argent ; et, pour étudier, il en faut beaucoup, beaucoup.

MADAME DE SAINT-AULAIRE. Cela est vrai ; mais il y a tant de gens dans le monde qui en regorgent! Que disais-tu si je t'adressais à quelqu'un qui t'examinât, pour voir si tu as bien profité du temps que tu as passé au collége, et si tu es en état d'y faire de nouveaux progrès ?

MAURICE. Oh! Madame, avec quelle joie je subirais cet examen! Envoyez-moi tout de suite, je vous prie, à cette personne. Vous verrez ce qu'elle vous mandera sur mon compte. Et puis, ce que je ne sais pas encore, je puis l'apprendre.

MADAME DE SAINT-AULAIRE. Sais-tu où est le collége royal de cette ville?

MAURICE. Hélas! oui, J'ai passé bien souvent devant la porte en soupirant.

MADAME DE SAINT-AULAIRE. Eh bien! attends un peu. (*Elle s'assied devant son secrétaire, écrit une lettre, et la remettant à Maurice :*) Tiens, cours au collége, et demande le principal. Il faut lui parler à lui-même. Tu lui feras bien des compliments, et tu le prieras de faire un mot de réponse à mon billet.

MAURICE. Mais c'est que je suis bien pressé d'envoyer les douze francs à maman.

MADAME DE SAINT-AULAIRE. Tu peux attendre jusqu'à demain. Peut-être auras-tu de plus heureuses nouvelles encore à lui donner.

MAURICE. Je vais d'abord porter votre lettre, et puis je courrai chez M. Dupré qui m'attend.

MADAME DE SAINT-AULAIRE. Prends bien garde de t'égarer.

MAURICE. Oh! je saurai bien retrouver mon chemin. Adieu, ma noble et généreuse dame. En moins d'une heure M. le principal aura votre billet. J'y vole comme un oiseau.

VIII

Rouen.

LE PRINCIPAL du collége. MAURICE.

MAURICE. Monsieur le principal, c'est un billet que je vous apporte de la part de madame... Ah! j'ai perdu son nom. Je vais courir chez elle pour le rattraper.

LE PRINCIPAL. Ce n'est pas nécessaire, mon enfant. Elle se nomme sans doute dans le billet. (*Il l'ouvre et regarde la signature.*) De Saint-Aulaire? Oh ! c'est d'une main bien connue. (*Il lit.*)

« Monsieur,

» L'enfant que je vous envoie est un pauvre orphe-
» lin. Son père vient de mourir, et sa mère s'est vue
» dans la nécessité de le retirer du collége pour le pla-
» cer en apprentissage. Il paraît cependant qu'il a un
» goût très vif pour l'étude. Je vous prie en grâce de
» vouloir bien l'examiner; et s'il vous donne quelques
» espérances, je m'engage à pourvoir à son éducation.
» Ma fête, que je célèbre aujourd'hui, m'impose le de-
» voir de faire une œuvre utile, et le ciel semble m'a-
» voir adressé cet enfant pour en être l'objet. Je vous
» prie, Monsieur, de me mander ce que vous pensez
» sur son compte. J'ai l'honneur d'être, etc. »

LE PRINCIPAL. Prends un siége, mon petit ami. Je suis à toi dans la minute. J'ai une lettre pressée à finir.

MAURICE. Ah! Monsieur, que vous avez là de beaux livres! Il y a bien longtemps que je n'en ai feuilleté. Me permettez-vous d'en ouvrir un pendant que vous écrirez?

LE PRINCIPAL. Je le veux bien, mon enfant.

MAURICE, *prenant un livre.* Oh! c'est Homère! Mais il est en grec; c'est trop fort pour moi. Je ne l'ai jamais lu qu'en français.

LE PRINCIPAL. Comment! tu as lu Homère? et qu'en penses-tu?

MAURICE. Il est plein de belles choses. Oh! oh! vous avez aussi un Sophocle. C'est de lui, je pense, qu'est la tragédie de Philoctète. Notre régent nous l'a fait expliquer trois fois. C'est une pièce bien touchante; mais savez-vous ce qui m'y a fait le plus de plaisir?

LE PRINCIPAL. Je suis curieux de le savoir.

MAURICE. C'est ce jeune Grec... Comment s'appelle-t-il?

LE PRINCIPAL. Néoptolème.

MAURICE. Oui, oui, Néoptolème. C'est lorsqu'il revient, et qu'il rapporte à Philoctète son arc et ses flèches. Je sens que j'aurais fait comme lui. Mais je vous demande pardon, Monsieur, je vous trouble peut-être par mon babil.

LE PRINCIPAL. Point du tout. Je t'écoute avec plaisir. Aussi bien voilà ma lettre finie.

MAURICE. Tant mieux. Je vous prierai de me dire ce que c'est que ce beau livre d'estampes qui est ouvert sur votre pupitre.

LE PRINCIPAL. C'est un recueil des meilleures gravures de la galerie de Florence.

MAURICE. Voilà Jupiter, je le reconnais.

LE PRINCIPAL. Comment le trouves-tu?

MAURICE. J'aime l'estampe; mais je n'aime pas monsieur Jupiter.

LE PRINCIPAL. Pourquoi donc cela?

MAURICE. C'est que c'était un vilain personnage. Je ne sais comment les Grecs et les Romains ont eu la bêtise de l'adorer. C'est un franc libertin, et il se querelle toujours avec Junon. Est-ce que c'est être dieu, cela?

LE PRINCIPAL. Tu as raison. C'est une indigne et méprisable divinité. Au reste, on ne nous a transmis sur son compte que des imaginations populaires; et tu sais que le peuple a toujours été superstitieux.

MAURICE. Oh! nos paysans sont aujourd'hui bien plus avisés. Figurez-vous un curé de village qui montât en chaire, et qui dît que le bon Dieu a une femme qu'il trompe, et qu'il se chamaille tous les jours avec elle. Ses paroissiens n'en croiraient rien du tout.

LE PRINCIPAL. Et d'où vient donc que la plus grossière populace est aujourd'hui plus sensée que dans les temps de l'antiquité?

MAURICE. De la lumière de l'Evangile. C'est là que tout est un Dieu juste et bon. Si j'eusse vécu dans la Grèce avec un livre pareil, jamais on n'y aurait adoré que le Dieu que j'adore.

LE PRINCIPAL. Embrasse-moi, mon cher enfant. Comment t'appelles-tu?

MAURICE. Maurice Laforêt.

LE PRINCIPAL. En vérité, mon cher Maurice, il serait dommage que tu passasses ta vie derrière un comptoir. Il faut absolument que tu reprennes tes études.

MAURICE. Ah! je le voudrais bien, si cela dépendait de moi.

LE PRINCIPAL. Je vais te donner ma réponse à madame de Saint-Aulaire.

MAURICE. Je m'en chargerai avec joie. Mais, Monsieur, elle vous prie, je crois, d'avoir la complaisance de m'examiner.

LE PRINCIPAL. Tu viens de faire cet examen toi-même. Je connais ta tête et ton cœur. Peut-être aurai-je le bonheur de contribuer à te procurer un destin plus heureux. Amuse-toi à parcourir ces estampes, je vais écrire ma réponse.

MAURICE. Donnez-moi plutôt une feuille de papier et une plume, je veux écrire aussi.

LE PRINCIPAL. Est-ce à ta bienfaitrice?

MAURICE. Non, c'est à une autre personne.

LE PRINCIPAL. Et ne puis-je savoir à qui?

MAURICE. Quand ma lettre sera écrite; pas plus tôt.

LE PRINCIPAL. Il me tarde de la voir. (*Il s'assied et se met à écrire.*)

MAURICE *écrit aussi la lettre suivante.* « Monsieur le
» principal, je vous remercie mille et mille fois de la
» bonté que vous avez de vous occuper de moi, et d'é-
» crire en ma faveur à madame de Saint-Aulaire. J'au-
» rais eu beaucoup de plaisir à retourner dans ma pre-
» mière pension, où tout le monde m'aime encore;
» mais puisque vous aurez fait mon bonheur, c'est
» près de vous que je veux le goûter. Ah! si je pouvais
» être admis dans votre collége! je vous aimerais de
» tout mon cœur; je serais bien studieux et bien sage,
» et j'apprendrais tout ce que vous auriez la complai-
» sance de m'enseigner. Je n'ose espérer que cela s'ar-
» range ainsi. C'est à la volonté de Dieu et à la vôtre.
» Mais s'il faut que je reste chez M. Dupré, vous ne me
» refuserez pas la permission de venir vous voir de
» temps en temps, de causer un peu avec vous, et de
» lire dans vos beaux livres: autrement j'aurais bien-
» tôt oublié tout ce que j'ai appris au collége: et j'en
» aurais du regret, quoique ce ne soit pas grand'chose.
» Oh! ayez cette bonté, monsieur le principal. Dieu
» vous en bénira, et je l'écrirai à maman pour la sou-
» lager dans ses chagrins; car elle m'aime beaucoup,
» et je l'aime beaucoup aussi. Peut-être qu'un jour... »

LE PRINCIPAL. Eh bien! Maurice, la lettre est-elle finie?

MAURICE. Non, pas encore tout-à-fait. J'ai plus de choses à dire que vous. Mais la voilà telle qu'elle est. Lisez.

LE PRINCIPAL. Comment? c'est à moi qu'elle s'adresse? Oh! voilà qui est charmant. Retourne vers madame de Saint-Aulaire, présente-lui mes très humbles respects, et remets-lui ma réponse.

MAURICE. Oh! je cours, et je reviens. (*Lui baisant main.*) Adieu, monsieur le principal.

IX

MADAME DE SAINT-AULAIRE, MAURICE.

MADAME DE SAINT-AULAIRE. Eh bien! Maurice, m'apportes-tu une réponse?

MAURICE. Oui, Madame, la voici.

MADAME DE SAINT-AULAIRE. Je suis curieuse de savoir ce qu'elle dit; rien de trop favorable, je crains.

MAURICE. Rien qui me fasse tort, j'en suis sûr.

MADAME DE SAINT-AULAIRE *lit tout bas.* « Madame,
» vous ne pouviez me procurer un plus sensible plai-
» sir que l'entretien de cet aimable enfant. Sa physio-
» nomie remplie de candeur et d'innocence, l'esprit vif
» et plein de feu qui brille dans ses yeux, et qui se ré-
» pand dans ses discours, m'ont pénétré d'attachement
» pour lui. Son génie le destine à un genre de vie plus
» élevé que celui où la mort de son père et la pauvreté
» de sa famille le forceraient de vivre. Je vous félicite,
» Madame, d'avoir choisi pour objet de votre généro-
» sité un enfant qui donne de si belles espérances. Le
» ciel ne vous l'a pas adressé sans dessein le jour de
» votre fête. Je suis intimement persuadé que vous
» n'aurez qu'à vous louer de sa conduite et de ses sen-
» timents; et je m'estimerai fort heureux de secon-
» der, par mes soins, vos généreuses dispositions. J'ai
» l'honneur, etc. » — Le principal ne me paraît content de toi qu'à demi.

MAURICE. Oh! il l'est tout-à-fait, Madame, il me l'a dit; et je le vois aussi dans vos yeux.

MADAME DE SAINT-AULAIRE. Comment! tu y vois cela, mon petit devin? Mais parlons sérieusement; s'il se trouvait une personne qui prît soin de toi, et qui se chargeât de ton entretien et de ton éducation, que ferais-tu pour elle?

MAURICE. Ce que je ferais ?... Je ne sais pas trop. Je ne peux rien par moi-même ; mais je prierais pour elle au fond du cœur, et le jour et la nuit.

MADAME DE SAINT-AULAIRE, *l'embrassant.* Prie donc pour moi, mon fils ; prie pour ta seconde mère.

MAURICE. Pour vous, pour vous, maman?

MADAME DE SAINT-AULAIRE. Oui, je veux l'être. Ton père est mort. Je remplirai sa place. Je ferai pour toi ce qu'il aurait fait. Tu reprendras tes études, et rien ne manquera à ton éducation.

MAURICE, *se jetant à genoux.* Ah Dieu ! mon Dieu ! maman, je ne peux plus parler.

MADAME DE SAINT-AULAIRE. Lève-toi, et viens dans mes bras. Si tu m'aimes, ne m'appelle plus que ta maman ; entends-tu, mon fils?

MAURICE. Oh! oui, maman. Je suis dans le paradis.

MADAME DE SAINT-AULAIRE. Tu es hors de toi-même. Tâche de te remettre, et allons nous promener dans mon jardin. J'ai à te parler de ta mère.

X

Rouen.

M. DUPRÉ, MAURICE.

M. DUPRÉ. Où donc as-tu resté si longtemps?

MAURICE. Ah! monsieur Dupré, si vous saviez...

M. DUPRÉ. Je sais, je sais qu'il ne faut pas être longtemps dans tes courses. Que cela ne t'arrive plus une autre fois. Est-ce que tu n'as pas trouvé madame de Saint-Aulaire?

MAURICE. Oh! je l'ai trouvée, et j'ai trouvé en elle une seconde maman.

M. DUPRÉ. Quel galimatias viens-tu me faire? Est-ce que tu es fou?

MAURICE. Non, non, je ne le suis pas. Je vais reprendre mes études; j'entrerai dans trois jours au collége, et maman de Saint-Aulaire viendra vous le dire à vous-même.

M. DUPRÉ. Comment donc? est-ce que tu ne restes plus chez moi?

MAURICE. Je ne veux pas être marchand, je veux étudier.

M. DUPRÉ. Ainsi tu n'es venu chez moi que pour tâcher d'en sortir. Tu y es, il faudra bien que tu y restes.

MAURICE. Vous ne pourrez me refuser à maman, qui viendra me chercher.

M. DUPRÉ. Croit-elle pouvoir, à sa fantaisie, venir enlever les gens chez leurs maîtres?

MAURICE. Mais, monsieur Dupré, sans vous fâcher, vous n'êtes pas mon maître, et je ne suis pas de vos gens.

M. DUPRÉ, *s'avançant vers lui d'un air et d'un geste menaçants*. Dis encore un mot, ingrat...

MAURICE. Et que vous ai-je donc fait? Vous ai-je causé quelque perte?

M. DUPRÉ. Tu m'as trompé; je commençais à t'aimer, et je voudrais ne t'avoir jamais vu.

MAURICE. Non, Monsieur, je ne vous ai point trompé, je vous assure. Je serais resté chez vous, et je ne songeais pas à en sortir. Mais figurez-vous un moment à ma place. Si mon papa n'était pas mort, je ne serais pas sorti du collége pour entrer dans votre maison. Une bonne dame prend pour moi le cœur de mon papa; je sors de votre maison pour rentrer au collége: est-ce qu'il y a là de ma faute?

M. DUPRÉ. Tu as raison; mais pourquoi es-tu si aimable? Je m'accoutumais à te regarder comme mon fils.

MAURICE. Embrassez-moi donc, monsieur Dupré.

M. DUPRÉ. Non; il m'en coûterait encore plus de te perdre. (*Il sort.*)

MAURICE. Il est brusque, M. Dupré; mais c'est un brave homme. J'aurai du regret à le quitter, et surtout ses enfants et sa femme. Mais il faut que j'écrive à maman. Oh! comme elle va se réjouir en lisant ma lettre! Je voudrais qu'elle l'eût déjà dans les mains, et arriver auprès d'elle un moment après. (*Il se met à écrire.*)
« Ma chère maman, de la joie! de la joie! vous êtes
» hors de peine, et moi aussi. Ne pleurez pas trop de
» plaisir, pour pouvoir lire ma lettre. Voici l'histoire
» de notre bonheur. M. Dupré m'a envoyé ce matin
» porter des étoffes à une dame de Saint-Aulaire. Oh!
» l'excellente dame! Ah! si vous étiez déjà ici! Savez-
» vous bien, maman, que vous y viendrez avant huit
» jours? Elle vous donnera un appartement dans son
» hôtel, et vous vivrez avec elle; et moi, j'irai au col-
» lége, et je viendrai vous voir tous les jours. Oh! ce
» sera un plaisir! un plaisir! Vous souvenez-vous
» pourtant, lorsque je partis, comme vous pleuriez?
» Vous disiez que nous nous embrassions peut-être
» pour la dernière fois. Eh bien! il ne tiendra qu'à nous
» de nous embrasser mille fois le jour. Maman doit
» vous envoyer de l'argent pour faire le voyage : car
» elle est aussi ma maman comme vous, et je suis sûr
» que vous n'en serez pas fâchée. Tout l'argent que
» vous recevrez pourtant n'est pas d'elle; il y a douze
» francs de moi; elle me les avait donnés, et moi, je
» vous les donne. Dépêchez-vous bien à faire votre pa-
» quet; plus tôt vous arriverez, plus nous serons con-
» tents. Je lui ai dit tant de bien de vous, qu'elle dé-
» sire presque autant que moi de vous voir. Partez,
» partez; j'irai vous attendre à l'arrivée de la diligence,
» pour vous conter toute l'histoire, avant que vous
» entriez chez elle; mais elle vous la conte, sans doute,
» dans la lettre qu'elle vous écrit aujourd'hui. Adieu,
» ma chère maman; je craindrais que ma lettre ne fût

» retardée d'un courrier si je vous écrivais tout ce que
» j'ai à vous dire.

« MAURICE. »

XI

Orléans.

Madame, où trouver des paroles pour vous exprimer mes transports et ma reconnaissance ? Grand Dieu! mes malheurs sont donc à leur fin ! Je suis heureuse, mon fils l'est aussi, c'est à vous que nous le devons. Comment s'élever, sans mourir, d'un abîme de douleur au comble de la joie ! Je n'ai que des larmes pour exprimer ce que je sens. Je regrette de ne pouvoir les répandre toutes devant vous, pour vous payer votre bienfaisance. Vous avez désiré d'être mère ; vous pourrez peut-être vous former une idée de mon bonheur. Je ne puis vous en dire davantage. Je vous en dirai peut-être encore moins au premier moment où je verrai notre fils placé entre nous deux, et serré dans nos bras entrelacés ; mais vous entendrez mon silence et mon attachement, et mes soins achèveront de vous l'expliquer à chaque instant de ma vie.

J'ai l'honneur d'être, etc.

DENISE ET ANTONIN.

Le temps était magnifique ; c'était par un beau jour d'été : M. de Valbonne devait aller se promener dans un jardin aux portes de la ville, avec ses deux enfants, Denise et Antonin. Il passa dans sa garde-robe pour s'habiller, et les deux enfants restèrent dans le salon.

Antonin, transporté du plaisir qu'il se promettait de sa promenade, en courant étourdiment çà et là, heurta du pan de son habit une fleur rare et précieuse que son père cultivait avec des soins infinis, et qu'il avait malheureusement ôtée de dessus la fenêtre pour la préserver de l'ardeur du soleil.

— O mon frère! qu'as-tu fait? lui dit Denise en ramassant la fleur qui s'était séparée de sa tige.

Elle la tenait encore à la main, lorsque son père, ayant fini de s'habiller, rentra dans le salon.

— Comment, Denise, lui dit M. de Valbonne avec un mouvement de colère, tu cueilles une fleur que tu m'as vu prendre tant de peine à cultiver pour en avoir la graine?

— Mon cher papa, lui répondit Denise toute tremblante, ne vous fâchez pas, je vous prie.

— Je ne me fâche point, répliqua M. de Valbonne en se calmant; mais comme tu pourrais avoir aussi la fantaisie de cueillir des fleurs dans le jardin où je vais, et qui ne m'appartient pas, tu ne trouveras pas mauvais que je te laisse à la maison.

Denise baissa les yeux et se tut. Antonin ne put garder plus longtemps le silence. Il s'approcha de son père, les yeux mouillés de larmes, et lui dit:

— Ce n'est pas ma sœur, mon papa, c'est moi qui ai arraché cette fleur. Ainsi, c'est à moi de rester à la maison. Menez ma sœur avec vous.

M. de Valbonne, touché de l'ingénuité de ses enfants, et de la tendresse qu'ils montraient l'un pour l'autre, les embrassa, et leur dit: Vous êtes tous deux mes bien-aimés, et vous viendrez tous deux avec moi.

Denise et Antonin firent un bond de joie. Ils allèrent se promener dans le jardin, où on leur montra les plantes les plus curieuses. M. de Valbonne vit avec plaisir, Denise presser de ses mains les deux côtés de ses jupons, et Antonin relever les pans de son habit sous chacun de ses bras, de peur de causer quelque dommage en se promenant entre les plates-bandes.

La fleur qu'il avait perdue lui aurait causé sans doute beaucoup de plaisir, mais il en goûta bien davantage en voyant fleurir dans ses enfants l'amitié fraternelle, la candeur et la prudence.

LES BOUQUETS.

Le petit Gaspard sortit un jour avec Eugène, son voisin, pour aller cueillir les premières fleurs du printemps. Ils avaient tous deux à la main leur déjeuner.

Il se présenta sur la route une pauvre femme, tenant dans ses bras un petit garçon qui paraissait mourir de faim. — Ah! mon cher monsieur, dit-elle à Gaspard, qui marchait le premier, donnez, de grâce, à mon pauvre enfant un morceau de votre pain. Il n'a rien mangé depuis hier midi.

— Oh! j'ai bien faim moi-même, répondit Gaspard; et il continua sa route en croquant son déjeuner.

Que fit Eugène? il avait aussi bon appétit que son camarade; mais en voyant pleurer le petit malheureux, il lui donna son pain, et il reçut en échange de la mère mille et mille bénédictions, que le bon Dieu entendit du haut des cieux.

Ce n'est pas tout. Le petit garçon, fortifié par la nourriture qu'il venait de prendre, se mit à courir devant son bienfaiteur, le mena dans une prairie, et lui aida à cueillir des fleurs dont l'odeur suave le délassait de sa fatigue.

Eugène rentra au logis avec un énorme bouquet, derrière lequel toute sa tête pouvait se cacher. Gaspard, au contraire, n'en avait qu'un si petit qu'il eut honte de le produire, et qu'il le jeta au pied d'une borne, après avoir perdu toute sa matinée à le cueillir.

Ils sortirent le lendemain dans le même projet. Cette fois-là un autre enfant fut de la partie. C'était le petit Valentin.

Après avoir fait quelques pas dans la prairie, Valentin s'aperçut qu'il avait perdu une boucle de ses souliers, et il pria ses amis de l'aider à la chercher.

Gaspard répondit : Je n'ai pas le temps; et il continua de courir. Eugène, au contraire, s'arrêta aussitôt pour obliger son ami. Il marchait çà et là courbé vers la terre, et tâtonnant dans l'herbe : il eut enfin le bonheur de trouver ce qu'il cherchait, et ils commencèrent à l'envi à cueillir des fleurs.

Les plus belles que Valentin ramassa, il en fit présent à celui qui avait refusé durement de le secourir. Eugène eut encore ce jour-là un bouquet bien plus beau que Gaspard. Aussi s'en retourna-t-il chez lui fort satisfait, et Gaspard fort mécontent.

Gaspard croyait être plus heureux le troisième jour. Il marchait d'un air insolent, défiant Eugène. Mais à peine étaient-ils entrés dans la prairie, que voici le petit garçon à qui Eugène avait donné son pain qui vient à sa rencontre, et lui présente une corbeille remplie des plus belles fleurs qu'il avait cueillies, toutes fraîches encore de rosée.

Gaspard voulut en ramasser quelques-unes : mais le moyen d'en trouver! le petit garçon s'était levé plus matin que lui : il eut encore moins de fleurs ce jour-là que les deux précédents.

Comme ils s'en retournaient chez eux, ils rencontrèrent le petit Valentin. — Mon cher ami, dit-il à Eugène, je n'ai pas oublié que tu me rendis hier un service, et j'en ai pris tant d'amitié pour toi que je voudrais être toujours à ton côté. Mon papa t'aime beaucoup aussi. Il m'a dit de t'aller chercher, qu'il nous dirait de jolis contes, et qu'il jouerait lui-même avec nous. Viens, suis-moi dans notre jardin. Il y a d'autres enfants qui nous attendent, et nous chercherons tous ensemble à te bien divertir.

Eugène, transporté de joie, prit la main de son ami et le suivit dans le jardin. Et Gaspard? Il fallut qu'il s'en retournât tristement chez lui. On ne l'avait pas invité.

Il apprit par là ce qu'on gagne à être officieux et secourable envers les autres. Il ne tarda guère à se corriger; et il serait devenu aussi aimable qu'Eugène, si celui-ci n'avait toujours mis plus de grâce dans sa manière d'obliger, par l'habitude qu'il en avait prise dès sa plus tendre enfance.

L'AMOUR DE DIEU ET DE SES PARENTS.

Hélène et Théophile étaient tendrement chéris de leurs parents, et les aimaient avec la même tendresse.

Depuis quelques jours ils avaient l'habitude de courir au fond du jardin après leur déjeuner, et de n'en revenir qu'au bout d'un quart d'heure, pour se mettre à leur travail.

Cette conduite fit naître la curiosité de M. de Fiorigni, leur père. Ses deux enfants jusqu'alors avaient été fort studieux; et il avait su leur rendre le travail si agréable qu'ils laissaient souvent leur déjeuner à moitié pour courir plus vite à leurs leçons.

Que devons-nous penser de ce changement? dit-il à son épouse. Si nos enfants prennent le goût de l'oisiveté, nous leur verrons bientôt perdre les heureuses dispositions qu'il avaient montrées. Nous perdrons nous-mêmes nos plus chères espérances, et le plaisir que nous avions à les aimer

Madame de Florigni ne put lui répondre que par un soupir.

Le même jour elle dit à ses enfants : Qu'allez-vous donc faire de si bonne heure dans le jardin? Vous pourriez bien attendre que votre travail fût fini pour vous livrer à vos récréations.

Hélène et Théophile gardèrent le silence, et embrassèrent plus tendrement que jamais leur maman.

Le lendemain au matin, lorsqu'ils crurent n'être vus de personne, ils s'acheminèrent doucement vers le berceau de chèvre-feuille qui était au bout de la grande allée.

Madame de Florigni attendait ce moment, et les suivit sans être aperçue, à la faveur d'une charmille épaisse, le long de laquelle elle se glissa sur la pointe des pieds.

Lorsqu'elle fut arrivée près du berceau, et qu'elle fut postée dans un endroit d'où elle pouvait tout remarquer à travers le feuillage, Dieu! de quelle joie son cœur maternel fut saisi lorsqu'elle vit ses deux enfants joindre leurs mains et se mettre à genoux!

Théophile disait cette prière; Hélène la répétait après lui :

« Seigneur, mon Dieu, je vous prie que nos parents
» ne meurent pas avant nous. Nous les aimons tant, et
» nous aurons tant de plaisir de faire leur bonheur
» lorsque nous serons devenus grands!

» Rendez-nous bons, justes et sages, pour que notre
» papa et notre maman puissent tous les jours se ré-
» jouir de nous avoir donné la vie.

» Entendez-vous, mon Dieu? Nous voulons aussi faire
» tout ce qui est dans vos commandements. »

Après cette prière, ils se levèrent tous deux, s'embrassèrent tendrement, et retournèrent à la maison en se tenant par la main.

Des larmes de joie coulaient le long des joues de leur mère. Elle courut à son époux, le pressa sur son sein, lui redit ce qu'elle avait entendu; et ils furent l'un et l'autre aussi heureux que s'ils avaient été transportés tout d'un coup, avec leur famille, dans les délices du paradis.

LE CONTRE-TEMPS UTILE.

Dans une belle matinée du mois de juin, Alexis se disposait à partir avec son père pour une partie de plaisir qui, depuis quinze jours, était l'objet de toutes ses pensées. Il s'était levé de très bonne heure, contre son ordinaire, pour hâter les préparatifs de l'expédition. Enfin, au moment où il croyait avoir atteint le terme de ses espérances, le ciel s'obscurcit tout-à-coup, les nuages s'entassèrent, un vent orageux courbait les arbres et soulevait la poussière en tourbillons. Alexis descendait à chaque instant dans le jardin pour observer l'état du ciel, puis il remontait les degrés trois à trois pour consulter le baromètre. Le ciel et le baromètre s'accordaient à parler contre lui. Cependant il ne craignait point de rassurer son père et de lui protester que toutes ces apparences fâcheuses allaient se dissiper en un clin d'œil, qu'il ferait même bientôt le plus beau temps du monde; et il conclut qu'il fallait partir tout de suite pour en profiter.

M. de Ponval, qui n'avait pas une confiance aveugle dans les pronostics de son fils, crut qu'il était plus sage d'attendre encore. Au même instant les nues crevèrent, et une pluie impétueuse fondit sur la terre. Alexis, doublement confondu, se mit à pleurer, et refusa obstinément toute consolation.

La pluie continua jusqu'à trois heures de l'après-midi. Enfin les nuages se dispersèrent, le soleil reprit son éclat, le ciel sa sérénité, et toute la nature respirait la fraîcheur du printemps. L'humeur d'Alexis s'était par degrés éclaircie, comme l'horizon. Son père le mena dans les champs; et le calme des airs, le ramage des oiseaux, la verdure des prairies, les doux parfums qui s'exhalaient autour de lui, achevèrent de ramener la joie dans son cœur.

Ne remarques-tu pas, lui dit son père, la révolution délicieuse qui vient de s'opérer dans toute la création? Rappelle-toi les tristes images qui affligeaient hier nos regards: la terre crevassée par une longue sécheresse, les fleurs décolorées et penchant leurs têtes languissantes, toute la végétation qui semblait décroître. A quoi devons-nous attribuer le rajeunissement de la nature? — A la pluie qui vient de tomber aujourd'hui, répondit Alexis. L'injustice de ses plaintes et la folie de sa conduite le frappèrent vivement en prononçant ces mots. Il rougit; et son père jugea qu'il suffisait de ses propres réflexions pour lui apprendre une autre fois à sacrifier sans regret un plaisir personnel au bien général de l'humanité.

LES DOUCEURS DU TRAVAIL.

MADAME DE SAUSEUIL, VICTOIRE, SA FILLE.

MADAME DE SAUSEUIL. Qu'as-tu donc, Victoire? tu parais bien triste?

VICTOIRE. Je le suis aussi, maman.

MADAME DE SAUSEUIL. Et pourquoi donc, ma fille? J'espérais te voir revenir toute joyeuse de la promenade.

VICTOIRE. Elle m'a d'abord réjouie; mais, en passant, à mon retour, devant la maison du menuisier, j'ai vu ses trois enfants assis sur la porte, qui pleuraient à faire compassion. Ils mouraient de faim.

MADAME DE SAUSEUIL. Comment! cela est-il possible?

Leur père a un bon métier; et il n'y a pas encore huit jours que je lui ai payé vingt écus pour des armoires qu'il a faites dans mon appartement.

VICTOIRE. C'est ce que ma bonne a dit à une voisine qui était accourue aux cris des enfants, et qui leur donnait un morceau de pain.

MADAME DE SAUSEUIL. Et qu'a-t-elle répondu?

VICTOIRE. Ce pauvre homme est bien à plaindre, a-t-elle dit. Il travaille nuit et jour, et n'en est pas plus riche. Sa femme est une si mauvaise ménagère! Elle n'entend rien de tout ce qu'une femme doit faire. Elle ne sait ni coudre, ni tricoter, ni filer; elle ne sait pas même tenir le linge en bon état. Si son mari veut mettre une chemise, il faut qu'il la fasse blanchir et raccommoder hors de la maison.

MADAME DE SAUSEUIL. Voilà qui est fort triste; et tu as raison d'être affligée de trouver une femme qui ne remplit aucun de ses devoirs. Dieu veuille que ce soit la seule qui se présente jamais à toi.

VICTOIRE. Ah! ce n'est pas encore là tout. Ecoutez, ma chère maman. Comme elle ne sait s'occuper de rien, absolument de rien, l'oisiveté l'a conduite à s'adonner au vin. Lorsque le mari, après un rude travail, croit trouver une bonne soupe en rentrant chez lui, il trouve sa femme étendue ivre-morte dans son lit; et ses enfants n'ont pas eu souvent, de toute la journée, un morceau de pain à manger. Ne trouvez-vous pas ces petits malheureux bien à plaindre?

MADAME DE SAUSEUIL. Je les plains comme toi, ma chère fille. Mais, dans cette triste occasion, tu as et l'avantage de faire une remarque dont l'utilité peut s'étendre sur toute ta vie.

VICTOIRE. Et laquelle, maman?

MADAME DE SAUSEUIL. C'est qu'une femme qui néglige les occupations de son sexe et de son état est la plus méprisable et la plus malheureuse créature qui soit au monde. Tu peux maintenant comprendre, mieux que jamais, pourquoi ton père et moi ne cessons de t'exhorter au travail.

VICTOIRE. Oh! oui, maman! je sens aujourd'hui combien vous m'aimez en m'apprenant à travailler. Mais dites-moi, je vous prie, les demoiselles riches et de condition ont-elles besoin d'apprendre tant de choses? Lorsqu'elles sont mariées, n'ont-elles pas des femmes de chambre pour faire tout ce qu'elles désirent?

MADAME DE SAUSEUIL. Non, ma chère Victoire; le travail est d'une nécessité aussi indispensable pour elles que pour les enfants des pauvres. Je ne te parlerai pas des revers de fortune qui peuvent un jour ne laisser de moyens de subsistance à une femme que dans le travail de ses mains; ces révolutions sont cependant assez communes. Mais dans l'état le plus brillant, au milieu d'une foule de domestiques empressés à s'occuper pour elle, ne doit-elle pas connaître par elle-même le travail, pour savoir les employer chacun selon son talent, n'exiger d'eux que ce qu'ils peuvent faire, pour récompenser leur diligence en facilitant leur service, et se conciliant de cette manière leur attachement et leur respect? Obligée, par son rang et par sa richesse, d'occuper un grand nombre d'ouvriers, sans connaître le travail elle-même, comment saura-t-elle apprécier celui des autres, ne pas retrancher du juste salaire de l'artisan utile, et se défendre des tromperies de l'artisan du luxe et de la frivolité; satisfaire d'un côté la noble générosité de son cœur, et prévenir de l'autre la ruine de sa maison? Quel plaisir d'ailleurs pour une femme sensible de voir elle et ses enfants parés de l'ouvrage de ses mains; d'employer le produit de cette économie à soulager les malades, à nourrir les indigents et à donner de l'éducation à leurs enfants, pour qu'ils puissent soutenir leur famille!

VICTOIRE. Ah! ne perdons pas un moment, je vous prie. Instruisez-moi de tout cela, ma chère maman.

MADAME DE SAUSEUIL. Je le ferai pour m'acquitter de

mon devoir, et pour t'aider à remplir le vœu de la nature et de la religion; pour te sauver surtout des dissipations dangereuses, dont l'oisiveté pourrait faire naître en toi le goût et le besoin. Je le ferai pour te faire aimer le séjour de ta maison; pour te rendre un jour agréable aux yeux de ton mari, et respectable aux yeux de tes enfants; pour te ménager une distraction des chagrins qui pourraient t'accabler, si tu ne savais leur opposer cette diversion puissante; enfin pour t'assurer le calme d'une bonne conscience, et te rendre heureuse dans tous les moments de ta vie. Tu as vu, par l'exemple de la femme du menuisier, dans quel vice détestable peut conduire le désœuvrement. Que dirai-je du dégoût et de l'ennui, les deux plus insupportables tourments d'une femme? Je ne peux t'en donner qu'une idée légère et proportionnée à ton intelligence, dans l'histoire d'une petite fille de ton âge.

VICTOIRE. O ma chère maman! voyons vite l'histoire de cette petite fille.

MADAME DE SAUSEUIL. La voici :

« Madame de Fayeuse aimait à s'occuper, et ne passait jamais un quart d'heure de la journée dans l'inaction.

» Angélique, sa fille, avait bien de la peine à l'en croire lorsqu'elle lui parlait des plaisirs du travail et des désagréments attachés à l'oisiveté. Il est vrai qu'elle travaillait toutes les fois que sa mère le lui prescrivait, car elle était accoutumée à l'obéissance; mais on imagine aisément combien peu elle était heureuse, ne s'y portant jamais qu'avec dégoût.

» Ma chère fille, lui disait souvent madame de Fayeuse, en la voyant travailler la tête pendante et les mains distraites, puisses-tu bientôt éprouver toi-même l'ennui où jette le désœuvrement, et le bonheur qu'on se procure par une douce éducation! Ce vœu, inspiré par sa tendresse, ne tarda pas à s'accomplir.

» Angélique, alors âgée de onze ans, devait un jour se rendre avec sa mère dans une maison de campagne éloignée de quelques lieues. Madame de Fayeuse, à son départ, prit à son bras un sac à ouvrage, et recommanda bien à Angélique de ne pas oublier le sien. Angélique voulut obéir à sa mère. Mais avec quelle fatalité on perd la mémoire d'un devoir qu'on ne remplit qu'avec répugnance! le sac à ouvrage fut oublié

» Le voyage s'annonça d'abord très heureusement. Le ciel était serein ; toute la nature semblait leur sourire. Mais, vers l'heure de midi, les nuages s'amoncelèrent sur l'horizon, le tonnerre traversait tout l'espace des cieux, en roulant avec un horrible fracas. La frayeur les obligea de descendre dans un village; et, l'instant d'après, une pluie bruyante se précipita par torrents.

» Comme les approches de l'orage avaient forcé beaucoup de voyageurs à chercher un asile dans l'hôtellerie, madame de Fayeuse et sa fille ne purent y trouver une chambre pour se reposer. Elles firent remiser leur voiture, et se rendirent à pied chez une bonne vieille du voisinage, qui leur céda honnêtement sa chambre à coucher et son lit; c'était le seul qu'elle avait.

» Combien madame de Fayeuse s'applaudit d'avoir porté son ouvrage! La bonne vieille s'assit à son côté en filant sa quenouille ; et la longue soirée d'automne s'écoula, sans ennui pour elles, entre la conversation et le travail.

» La pauvre Angélique eut bien à souffrir dans tout cet intervalle. La chaumière était petite; et, lorsqu'elle en eut visité tous les recoins, il ne lui restait plus rien absolument à faire. La pluie, qui tombait toujours avec une grande abondance, ne lui permettait pas de mettre le pied dans le jardin; le bruit effrayant du tonnerre lui ôtait l'envie de dormir; et les discours de la vieille, qui ne savait parler que de son travail, n'étaient guère propres à l'amuser.

» Elle voulut prier sa mère de lui céder un moment son ouvrage ; mais madame de Fayeuse lui répondit, avec justice, qu'elle ne voulait pas s'ennuyer pour elle; qu'ayant eu l'intention de porter de quoi s'occuper, il était naturel qu'elle goûtât le fruit de sa prévoyance, et qu'elle, au contraire, portât la peine de sa négligence et de son oubli. Angélique n'eut rien à répondre à des raisons si fortes.

» Après bien des bâillements d'ennui, des soupirs d'impatience, et des murmures très inutiles contre le temps, Angélique enfin attrapa le bout de la soirée. Elle fit, sans appétit, un léger repas, et se mit au lit bien mécontente de ses plaisirs.

» Avec quelle joie elle se réveilla le lendemain, aux premiers rayons d'un soleil sans nuage! avec quelle ardeur elle pressa le moment du départ !

» Enfin la voiture se trouva prête; et madame de Fayeuse, ayant généreusement récompensé la bonne vieille de ses secours, se remit en route, aussi satisfaite de sa veille qu'elle avait causé à Angélique d'humeur et de dépit.

» La pluie avait rompu tous les chemins ; l'eau, qui les couvrait encore, empêchait d'apercevoir les ornières; la voiture tombait d'un trou dans un autre; on entendait crier l'essieu et craquer les soupentes; enfin une roue se brisa, et la voiture fut renversée. Heureusement madame de Fayeuse ni sa fille ne furent blessées dans la chute.

» Elles se remirent peu à peu de leur frayeur. On découvrait, à quelque distance, un joli hameau bâti sur le penchant d'une colline; madame de Fayeuse prit d'une main celle de sa fille, passa l'autre sous le bras de son domestique, et s'achemina vers ce hameau pour envoyer du secours à son cocher.

» Il n'y avait dans cet endroit ni serrurier ni charron. Il fallut attendre près de deux jours pour faire venir des roues de la ville.

» La pauvre Angélique, comme elle pleurait! comme elle se plaignait de la longueur du temps! L'impression de frayeur qu'elle avait gardée de sa chute lui dérobait l'usage de ses jambes; elle n'était pas en état de marcher. Que pouvait madame de Fayeuse pour la distraire de son ennui? La justice exacte qu'elle s'était imposée avec sa fille l'empêchait de lui céder son ouvrage; et d'ailleurs Angélique avait si fort négligé de cultiver son talent pour la broderie, qu'elle aurait tout gâté.

» Elle commença alors à sentir le prix du travail; et, toute honteuse, elle dit à sa mère:

» — Ah! maman, j'ai bien mérité ce qui m'arrive. Je comprends aujourd'hui, pour la première fois, pourquoi vous m'exhortiez si vivement au travail. J'ai bien senti l'ennui du désœuvrement! Elle se jeta dans les bras de sa mère; et pressant sa main sur son cœur: Pardonnez-moi, maman, de vous avoir affligée par mon indolence. Je vous ai vue chagrine de me voir souffrir. Ah! pour vous et pour moi, me voilà corrigée pour toute la vie.

» Madame de Fayeuse embrassa sa fille, la loua de sa résolution; et, profitant de la leçon qu'Angélique avait reçue d'elle-même, elle lui fit sentir combien le goût du travail nous sauve d'ennuis, et combien il peut adoucir les peines de la vie, en nous fournissant une distraction agréable et salutaire. Elle bénit les accidents d'un voyage qui avait opéré un changement si heureux dans sa fille. Angélique tint la parole qu'elle lui avait donnée. Elle alla même au-delà de ce qu'elle avait promis; et madame de Fayeuse n'eut plus de reproches à lui faire que sur l'excès de son activité. »

PHILIPPINE ET MAXIMIN

Madame de Cerny, jeune veuve, avait deux enfants nommés Philippine et Maximin, l'un et l'autre également dignes de sa tendresse, quoiqu'elle fût partagée entre eux avec bien de l'inégalité. Philippine, tout enfant qu'elle était, sentait la prédilection de sa maman pour son frère; elle en était affligée; mais elle cachait dans le fond de son cœur le chagrin que lui causait cette préférence. Sa figure, sans être d'une laideur repoussante, ne répondait point à la beauté de son âme : son frère était beau comme on nous peint les anges. Toutes les douceurs et toutes les caresses de madame de Cerny étaient pour lui seul; et les domestiques, pour faire leur cour à leur maîtresse, ne s'occupaient qu'à le flatter dans toutes ses fantaisies. Philippine, au contraire, rebutée par sa maman, n'en était que plus maltraitée par tous les gens de la maison.

Loin de prévenir ses goûts, on négligeait jusqu'à ses besoins. Elle versait des torrents de larmes lorsqu'elle se voyait seule et abandonnée; mais jamais elle ne laissait échapper devant les autres la plainte la plus légère, ou le moindre signe de mécontentement. C'était en vain que, par une application constante à ses devoirs, par sa douceur et par ses prévenances, elle cherchait à compenser, auprès de sa mère, ce qui lui manquait en beauté; les qualités de son âme échappaient à des yeux accoutumés à ne s'occuper que des avantages extérieurs. Madame de Cerny, peu touchée des témoignages de tendresse que lui donnait Philippine, surtout depuis la mort de son père, semblait ne la regarder qu'avec une espèce de répugnance. Elle la grondait sans cesse, et exigeait d'elle des perfections qu'on n'aurait pas même osé prétendre d'une raison plus avancée.

Cette mère injuste tomba malade. Maximin se montra bien sensible à ses souffrances; mais Philippine qui, dans les regards éteints et les traits abattus de sa maman, croyait voir un adoucissement de sa rigueur accoutumée, surpassa de beaucoup son frère pour les soins et pour la vigilance. Attentive aux moindres besoins de sa mère, elle mettait toute sa pénétration à les découvrir, pour lui épargner même la peine de les faire connaître. Aussi longtemps que sa maladie eut quelque apparence de danger, elle ne quitta pas son chevet. Les prières, les ordres même ne purent l'engager à prendre un moment de repos.

Enfin madame de Cerny se rétablit. Son heureuse convalescence dissipa les alarmes de Philippine; mais ses chagrins recommencèrent lorsqu'elle vit sa maman reprendre envers elle sa sévérité.

Un jour que madame de Cerny s'entretenait avec ses deux enfants des maux qu'elle avait soufferts dans sa maladie, et les remerciait des soins tendres et empressés qu'elle avait reçus de leur amour : Mes enfants, ajouta-t-elle, vous pouvez l'un et l'autre me demander ce qui vous fera le plus de plaisir : je m'engage à vous l'accorder, si vos désirs ne sont pas au-dessus de ma richesse. Que désires-tu, Maximin? demanda-t-elle d'abord à son fils. — Une montre et une épée, maman, répondit-il. — Tu les auras demain à ton lever. Et toi, Philippine? — Moi, maman? moi, répondit-elle toute tremblante, je n'ai rien à désirer si vous m'aimez. — Ce n'est pas me répondre. Je veux aussi vous récompenser, mademoiselle. Que désirez-vous? parlez. — Quoique Philippine fût accoutumée à ce ton sévère, elle en fut encore plus abattue dans cette circonstance qu'elle ne l'avait jamais été. Elle se jeta aux pieds de sa mère, la regarda avec des yeux tout mouillés de larmes; et, cachant tout-à-coup son visage dans ses mains, elle balbutia ces mots : Donnez-moi seulement deux baisers de ceux que vous donnez à mon frère.

Madame de Cerny, attendrie jusqu'au fond de son cœur, y sentit renaître pour sa fille des sentiments jusqu'alors étouffés. Elle la prit dans ses bras, la serra avec transport contre son sein, et l'accabla de baisers. Philippine, qui recevait, pour la première fois, les caresses de sa mère, se livra à toutes les effusions de sa joie et de son amour. Elle baisait ses yeux, ses joues, ses cheveux, ses mains, ses habits. Maximin, qui ne pouvait s'empêcher d'aimer sa sœur, confondit ses embrassements avec les siens. Ils goûtèrent tous ensemble un bonheur qui ne fut pas borné à la durée de ce moment. Madame de Cerny rendit avec excès à Philippine tout ce qu'elle lui avait dérobé de son affection; Philippine y répondit par une nouvelle tendresse. Maximin n'en fut point jaloux; il sut se faire une jouissance de la félicité de sa sœur. Il reçut bientôt le prix d'un sentiment si généreux. La bonté de son naturel avait été un peu altérée par la faiblesse et l'aveuglement de sa mère. Il lui échappa, dans sa jeunesse, bien des étourderies qui lui auraient aliéné son cœur; mais Philippine trouvait le moyen de l'excuser auprès d'elle. Les sages conseils qu'elle lui donnait achevèrent de le ramener, et ils éprouvèrent tous les trois qu'il n'y a point de bonheur dans une famille sans la plus intime union entre les frères et les sœurs, la plus vive et la plus égale tendresse entre les pères et les enfants.

PASCAL.

Monsieur Dufresne avait coutume de payer tous les dimanches une petite pension à ses enfants, pour qu'ils eussent le moyen de se procurer les plaisirs innocents de leur âge pendant le cours de la semaine. Aussi confiant que généreux, il n'exigeait point qu'ils lui rendissent compte de l'emploi qu'ils faisaient de ses largesses. Il les croyait assez bien nés pour suivre les conseils qu'il leur avait donnés quelquefois à ce sujet. Hélas! quelles suites affreuses produisit cette aveugle sécurité!

A peine les enfants avaient-ils reçu leur paie ordinaire, qu'ils couraient aussitôt en acheter des pâtisseries et des confitures. Leur bourse recevait dès ce jour même une atteinte si profonde, qu'il n'en fallait qu'une bien légère pour achever de l'épuiser le lendemain; en sorte qu'il ne leur restait plus rien pour se régaler les jours suivants. Cependant leur bouche affriandée n'en demandait pas moins à se repaître. Le marchand consentit d'abord à leur donner à crédit; mais comme leur pension ne pouvait jamais suffire à les acquitter, leurs dettes grossissaient tous les jours. Il résolut enfin d'en présenter le mémoire à leur père. M. Dufresne lui fit de sévères reproches de son imprudence, et défendit à tous les marchands des environs de donner rien à ses enfants qu'ils ne fussent en état de payer sur l'heure. Cette précaution qui semblait assez sûre pour les forcer à vaincre leur gourmandise ne fit que l'irriter davantage; et ils ne songèrent plus qu'aux moyens de satisfaire ce goût désordonné.

Pascal, l'aîné de la famille, et le plus audacieux, couchait tout près de son père. Après avoir remarqué le temps où il était plongé dans le plus profond sommeil, il se leva sans bruit, fouilla dans sa bourse, et y prit un écu. Enhardi par ce funeste succès, il renouvela plusieurs fois ses larcins. Mais il n'est point de crime si secret, que tôt ou tard il ne se découvre.

M. Dufresne avait un procès à la veille d'être décidé. Comme il s'en était occupé toute la journée, les mêmes pensées l'agitaient encore, et il les creusait dans le silence de la nuit. Pascal, le jugeant endormi, crut que c'était le moment d'exécuter son indigne entreprise. Malheureusement pour lui, la lune jetait alors assez de rayons dans leur chambre pour qu'une faible lumière se répandît à travers l'épaisseur des rideaux. Quel fut l'effroi de M. Dufresne de se voir voler par son propre fils! Il dévora son ressentiment pendant le reste de la nuit. Mais, avant que Pascal sortît de sa chambre, il s'habilla, et, après divers propos indifférents : Qu'est-ce que tu achèteras aujourd'hui, lui dit-il, pour ton déjeuner? Rien, mon papa, répondit le détestable menteur. J'ai donné aux pauvres ma pension de la semaine, il faudra bien me contenter de pain sec.

M. Dufresne ne put commander plus longtemps son indignation. Il saisit Pascal, le dépouilla, et trouva dans ses poches deux écus de six francs qu'il venait de lui dérober. Autant il avait témoigné jusqu'alors de tendresse et d'indulgence, autant il fit éclater de courroux et de rigueur. De vives réprimandes ne furent que l'annonce d'un traitement plus sévère ; et le malheureux fut obligé de passer quelques jours au lit, pour se rétablir des suites de cette correction.

Combien il est difficile d'extirper un vice qu'on a laissé trop longtemps s'enraciner dans son cœur! Pascal ne fut point réformé par cette aventure. La clef de la cassette de son père étant tombée par hasard entre ses mains, il en tira l'empreinte sur de la cire molle; et, sous un prétexte spécieux, il en fit forger une pareille par le serrurier. Il avait maintenant une occasion bien commode de piller le trésor de la famille. Comme son père avait beaucoup d'argent, et qu'il était assez rusé, lui, pour n'en jamais prendre trop à la fois, ses rapines restèrent longtemps inconnues. Il parvint ainsi jusqu'à sa quinzième année, composant si bien sa conduite que ses parents croyaient n'avoir plus aucun reproche à lui faire, lorsqu'une circonstance imprévue dévoila tout-à-coup son indigne hypocrisie.

Son père, dans le paiement d'un billet, avait reçu, par mégarde, une pièce de monnaie étrangère. Il la laissa pour le moment avec les autres, avec le projet de l'en retirer le jour d'après. Cette pièce tomba le jour même entre les mains de Pascal, dans une saignée qu'il fit à la cassette. M. Dufresne, qui l'avait si bien remarquée la veille, ne la trouva plus le lendemain. Les anciennes inclinations de son fils revinrent dans sa mémoire, et Pascal devint l'objet de ses premiers soupçons. Il monta soudain dans sa chambre, visita sa bourse ; et avec un morne désespoir, il y trouva la pièce qui lui manquait.

Pascal était trop grand pour que son père crût devoir le châtier comme la première fois. Il se contenta de lui reprocher vivement son indignité, en le menaçant de lui retirer sa tendresse. Il consulta ses amis sur la manière dont il devait traiter ce jeune scélérat. Les plus sages lui conseillèrent de le faire enfermer quelques mois dans une maison de force, afin de lui donner le temps de se repentir de son crime, et de s'accoutumer à une vie frugale. Cependant la crainte de le déshonorer, et les combats de l'amour paternel, qui n'étaient pas encore entièrement éteints dans son cœur, ne lui laissèrent pas la force de profiter de cet avis salutaire. Il aima mieux employer une voie plus douce. Il envoya son fils continuer ses exercices dans une ville éloignée, sous la tutelle d'un ami vigilant, auquel il prescrivit de ne lui donner d'argent que ce qui lui serait d'une indispensable nécessité.

Précaution, hélas ! trop tardive : Pascal était absolument corrompu. Il avait chez son tuteur une nourriture abondante, qui, sans être recherchée, était préparée avec assez de soin pour devoir contenter son goût. Mais il fallait à sa sensualité des morceaux plus fins et plus délicats. Il fit un marché secret avec un traiteur qui connaissait la richesse de son père, pour lui fournir ce qu'il y avait de plus friand dans les marchés. Un marchand de vin s'engagea également à lui procurer les liqueurs les plus exquises : il ne se trouva pas encore satisfait ; il voulut prendre part aux débauches que les jeunes gens de la ville allaient faire dans les auberges des villages voisins ; et comme son tuteur refusait de contribuer à ces dissipations, il s'adonna au jeu, et apprit toute espèce de friponneries pour escroquer de l'argent.

Le ciel paraissait s'intéresser visiblement au changement de sa conduite, en ne permettant pas qu'aucune de ses basses manœuvres demeurât impunie. Trois des plus robustes joueurs, qui s'aperçurent une fois de ses tours, tombèrent sur lui et le chargèrent de tant de coups qu'il fut près d'en mourir sur la place.

On le transporta tout ensanglanté dans sa chambre. Son tuteur accourut et lui prodigua les soins et les secours. Il attendit qu'il fût entièrement rétabli pour lui représenter, avec les expressions les plus touchantes, les malheurs dans lesquels il courait se précipiter. Infortuné jeune homme, lui dit-il, qui vous porte à des excès si honteux? Vous déshonorez un nom que la probité de vos aïeux a rendu respectable. Vous ravissez à vos parents les plus douces espérances qu'ils formaient en cultivant votre éducation. Lorsque vos jeunes concitoyens, qui consacrent à l'étude le temps que vous perdez dans les scènes scandaleuses, seront recherchés dans votre patrie, et portés aux fonctions les plus distinguées, vous, comme un homme abject et dangereux, vous vous verrez méprisé par la plus vile populace, et banni de toutes les sociétés de gens d'honneur.

Ces discours firent d'abord sur lui quelque légère impression. Il suspendit tout commerce avec les complices de ses égarements ; il se contenta de sa nourriture ordinaire, et l'étude semblait prendre des charmes pour son esprit. Mais ces belles résolutions ne tardèrent pas longtemps à s'évanouir. Il se rengagea peu à peu dans son train de vie ordinaire. Il vendit en secret les livres qu'on lui avait donnés. Sa montre, son linge et ses habits eurent successivement le même sort; et il se dépouilla si bien lui-même, qu'il fut réduit à ne plus sortir de la maison.

Alors tous ses créanciers se réveillèrent à la fois; et, sur le refus de son tuteur de satisfaire à leur avidité, ils écrivirent à son père, en le menaçant de le faire arrêter s'ils n'en recevaient pas une réponse plus agréable. Qu'on se représente l'état du malheureux Pascal. Accablé des reproches de ses créanciers et de l'indignation de son tuteur, des mépris des domestiques et de ses propres remords, il ne lui restait plus à attendre que la malédiction de ses parents. Il sentit qu'il avait trop négligé de s'instruire pour trouver des secours dans son travail. Quelquefois il lui venait à l'idée d'aller mendier sa subsistance, mais son cœur orgueilleux ne pouvait s'y résoudre. Il passa un jour entier dans sa chambre, au milieu des plus violentes agitations du désespoir, tordant ses bras, s'arrachant les cheveux, et maudissant ses vices; mais, toujours emporté par sa dépravation, il sortit le soir même pour aller boire dans une taverne le peu d'argent qui lui restait encore.

Il s'y trouvait en ce moment deux hommes qui venaient de lever des recrues pour les colonies. Ils remarquèrent sur ses traits le trouble dont son âme était agitée. Ils se firent un signe du coin de l'œil, et tournèrent leur conversation sur l'Amérique. Ils parlèrent de la beauté du pays, de la paie énorme que les troupes y reçoivent. Ils peignirent les avantages qu'un jeune homme de famille y rencontrait en foule pour faire promptement une grande fortune. Ils nommèrent plusieurs de leurs amis qui, de simples soldats, étaient devenus officiers, et avaient épousé de riches veuves.

Pascal écoutait ces discours avec une extrême avidité. Il se mêla bientôt à l'entretien, et demanda s'il ne pourrait point trouver du service parmi ces troupes. Je puis vous en procurer, dit un des recruteurs, quoique nous ayons déjà plus de sujets qu'il ne nous en faut; mais vous paraissez mériter des préférences; et il lui offrit quatre louis d'or pour son engagement.

Après quelques combats intérieurs, Pascal les reçut. Il passa le reste de la nuit à boire, et dès le lendemain il fut envoyé dans une forteresse pour y apprendre l'exercice. Il se trouva dans une société composée de paysans grossiers, d'apprentis fugitifs, de mendiants enlevés sur les grandes routes, et de voleurs sauvés du gibet. On lui donna pour maître un caporal, dur et rébarbatif, qui, l'accablant d'injures et de coups de canne, lui fit éprouver toutes sortes de hontes et de douleurs.

Son malheur allait encore s'accroissant chaque jour. L'argent qu'il avait reçu en échange de sa liberté était déjà consumé dans la débauche. Du pain de munition et une soupe dégoûtante était tout ce qu'il avait pour se soutenir. Lucas, jadis gardeur de pourceaux, qui se trouvait alors son camarade, était bien moins à plaindre. Accoutumé dès l'enfance à vivre de pain de seigle et de fromage, il se croyait nourri comme un prince lorsqu'il pouvait manger quelquefois un peu de viande à demi cuite; et il goûtait d'une vieille poule avec autant de plaisir que Pascal aurait goûté d'un faisan. Mais, pour celui-ci, quelle devait être sa peine, lorsqu'avec une moitié de hareng saur, ou un tronc de chou baigné de graisse fétide, il pensait aux morceaux friands qu'il avait autrefois si recherchés!

Quelques jours après, l'ordre du départ arriva. Pascal reçut cette nouvelle avec plus de satisfaction qu'on ne l'aurait attendu. Si tu parviens une fois en Amérique, se disait-il, tu es jeune et bien tourné, tu feras ta fortune comme tant d'autres Européens.

Au milieu de ces brillantes perspectives, il monta sur le vaisseau qui devait le transporter avec sa troupe. Deux ou trois verres d'eau-de-vie, qu'il but avant de s'embarquer, échauffèrent sa tête, et lui firent oublier ses parents. Il s'éloigna du rivage avec des cris de joie insensés. Mais cette joie ne fut pas d'une plus longue durée que l'ivresse qui l'avait produite. Tous ceux qui n'avaient pas encore navigué éprouvèrent des maux de cœur violents. Pascal, dont l'estomac était déjà affaibli par ses intempérances, en souffrait plus que personne. Il passa plusieurs jours dans des défaillances continuelles. Il ne pouvait supporter aucune nourriture; la seule vue des aliments révoltait ses entrailles. Des fèves moisies, du bœuf salé, du biscuit racorni, voilà toutes les friandises qu'il avait maintenant à savourer. On avait d'abord donné aux soldats une pinte de bière par jour pour les soutenir; mais on les sevra peu à peu, et il fallut se contenter d'une petite mesure d'eau, qu'on était encore obligé de faire filtrer pour en tirer les vers dont elle était remplie.

Après deux mois de vives souffrances, auxquelles se joignaient chaque jour les terreurs et les accidents d'une traversée orageuse, il aborda, épuisé de fatigues, de maux et de chagrins. Son cœur, aigri par les horreurs de sa situation, avait laissé corrompre tous ses penchants; et déjà son esprit ne s'ouvrait plus qu'à des idées de forfaits. La négligence et les bassesses qu'il commit dans le régiment l'en firent chasser avec ignominie. On crut devoir le renvoyer à sa famille, lié et garrotté au fond de la cale d'un vaisseau, avec d'autres scélérats.

Qu'étaient devenus, dans cet intervalle, ses infortunés parents? Hélas! ils vivaient encore, s'il faut nommer du doux nom de la vie des jours consumés dans les angoisses et le désespoir. La honte des crimes de leur fils, dont toute leur ville natale était instruite, les avait forcés de l'abandonner pour chercher un asile obscur. Ils traînaient leur déplorable existence dans une retraite écartée, sur le bord de la mer.

Ils y étaient à peine établis, lorsque le vaisseau qui portait Pascal vint aborder entre les rochers, non loin de cette plage. Les criminels qu'on y tenait renfermés avaient brisé leurs chaînes ; et, après avoir massacré l'équipage, ils s'étaient rendus maîtres du bâtiment. Ils en sortirent la nuit pour aller piller les maisons répandues sur la côte. M. Dufresne, cette nuit même, veillait auprès du lit de sa femme, que la douleur avait réduite, après de longues souffrances, à une cruelle agonie. Dans les transports d'un violent délire, elle répétait le nom de son fils, et l'appelait pour l'embrasser et lui pardonner avant de mourir. Tout-à-coup la porte est enfoncée, et dix scélérats se précipitent dans la chambre. Pascal était à leur tête, une hache à la main. M. Dufresne s'avance avec un flambeau ; mais avant que son fils ait pu le reconnaître... O nature ! nature !... Je ne puis achever.

Enfants, si, après avoir lu cette horrible aventure vous osiez vous familiariser avec la première idée du vice, tremblez de devenir, par degrés, criminels, et de finir comme Pascal, par un parricide !

LES DEUX POMMIERS.

Un riche laboureur était père de deux garçons, dont l'un avait tout juste un an de plus que l'autre. Le jour de la naissance du second, il avait planté, à l'entrée de son verger, deux pommiers d'une tige égale, qu'il avait cultivés depuis avec le même soin, et qui avaient si également profité de leur culture, qu'on n'aurait jamais pu se décider entre eux pour la préférence. Lorsque ses enfants furent en état de manier les outils du jardinage, il les mena, un beau jour de printemps, devant les deux arbres qu'il avait plantés pour eux, et nommés de leurs noms; et, après leur avoir fait admirer leur belle tige et la quantité de fleurs dont ils étaient couverts, il leur dit : Vous voyez, mes enfants, que je vous les livre en bon état. Ils peuvent autant gagner par vos soins qu'ils perdraient par votre négligence. Leurs fruits vous récompenseront en proportion de vos travaux.

Le cadet, nommé Etienne, était infatigable dans ses soins. Il s'occupait tout le jour à délivrer son arbre des chenilles qui l'auraient dévoré. Il étaya sa tige d'un échalas, pour empêcher qu'il ne prît une mauvaise tournure; il piochait la terre tout autour, afin qu'elle pût se pénétrer plus facilement des feux du soleil et de l'humidité de la rosée. Sa mère n'avait pas eu plus d'attention pour lui dans sa plus tendre enfance, qu'il n'en avait pour son jeune pommier.

Michel, son frère, ne faisait rien de tout cela. Il passait la journée à grimper sur le coteau voisin, d'où il jetait des pierres aux passants. Il allait chercher tous les petits paysans d'alentour pour se battre avec eux. On ne lui voyait que des écorchures aux jambes et des bosses au front, des coups qu'il avait reçus dans ses querelles. En un mot, il négligea si bien son arbre, qu'il n'y songea du tout qu'au moment où il vit dans l'automne celui d'Etienne si chargé de pommes bigarrées de pourpre et d'or, que, sans les appuis qui soutenaient ses branches, le poids des fruits l'aurait entraîné à terre. Frappé à la vue d'une si belle récolte, il courut à son arbre, dans l'espérance d'en recueillir une tout aussi abondante. Mais quelle fut sa surprise de n'y trouver que des branches couvertes de mousse et quelques feuilles jaunies! Plein de jalousie et de dépit, il alla trouver son père, et lui dit : Mon père, quel arbre m'avez-vous donné ? Il est sec comme un manche à balai, et je n'aurai pas dix pommes à y cueillir. Mais mon frère !..... oh! vous l'avez bien mieux traité. Ordonnez-lui du moins de partager ses pommes avec moi. Partager avec toi ! lui répondit son père; ainsi le diligent aurait perdu ses sueurs pour nourrir le paresseux ! Souffre, c'est le prix de la négligence, et ne t'avise pas, en voyant la riche récolte de ton frère, de m'accuser d'injustice. Ton arbre était aussi vigoureux et d'un aussi bon rapport que le sien; il avait une égale quantité de fleurs, il est venu sur le même terrain; seulement il n'a pas reçu la même culture. Étienne a délivré son arbre des moindres insectes; tu leur as laissé dévorer le tien dans sa fleur. Comme je ne veux laisser rien perdre de ce que Dieu m'a donné, puisque je lui en dois compte, je te reprends cet arbre, et je lui ôte ton nom. Il a besoin de passer par les mains de ton frère pour se rétablir; et il lui appartient dès ce moment, ainsi que les fruits qu'il y fera naître. Tu peux en aller chercher un autre dans ma pépinière, et le cultiver, si tu veux, pour réparer ta faute; mais, si tu le négliges, il appartiendra encore à ton frère, puisqu'il me seconde dans mes travaux.

Michel sentit la justice de la sentence de son père, et la sagesse de son conseil. Il alla dès ce moment choisir dans la pépinière le jeune élève qu'il crut le plus vigoureux. Il le planta lui-même. Étienne l'aida de ses avis pour le cultiver. Michel n'y perdit pas un moment; plus de querelles avec ses camarades, encore moins avec lui-même; car il se portait de gaîté de cœur au travail. Il vit dans l'automne son arbre répondre pleinement à ses espérances. Ainsi il eut le double avantage de s'enrichir d'une abondante récolte et de perdre les habitudes vicieuses qu'il avait contractées. Son père fut si satisfait de ce changement, qu'il lui céda l'année suivante, de moitié avec son frère, le produit d'un petit verger.

LE VIEILLARD MENDIANT.

M. D'ARCY, *à un domestique.* Que ne faisiez-vous entrer ce bon vieillard?

LE VIEILLARD. Monsieur, on me l'a proposé; c'est moi qui ne l'ai pas voulu.

M. D'ARCY. Et pourquoi donc?

LE VIEILLARD. Je rougis de le dire. Je fais une chose à laquelle je ne suis pas accoutumé; je viens... pour demander l'aumône.

M. D'ARCY. Vous me paraissez honnête; pourquoi rougiriez-vous d'être pauvre? J'ai des amis qui le sont; soyez de ce nombre.

LE VIEILLARD. Pardonnez-moi, Monsieur; je n'ai pas le temps.

M. D'ARCY. Qu'avez-vous donc à faire?

LE VIEILLARD. Ce qu'il y a de plus important ici-bas : à mourir. Je peux vous le dire, puisque nous voilà seuls : je n'ai plus que huit jours à vivre.

M. D'ARCY. Comment savez-vous cela?

LE VIEILLARD. Comment je le sais? je ne peux guère vous l'expliquer; mais je le sais, parce que je le sens; et cela est sûr. Heureusement personne ne perd à ma mort : ma fille et mon gendre me nourrissent depuis deux ans.

M. D'ARCY. Ils n'ont fait que leur devoir.

LE VIEILLARD. J'étais assez riche pour n'avoir pas à craindre d'être à charge à personne. Je prêtai mon argent à un gentilhomme qui se disait mon ami. Il mena joyeuse vie jusqu'à ce qu'il m'eût réduit au besoin. Pardonnez-moi, Monsieur; vous êtes aussi gentilhomme; mais je dis la vérité.

M. D'ARCY. J'ai autant de plaisir à l'entendre que

vous en avez à la dire, même quand elle parlerait contre moi.

LE VIEILLARD. J'aurais été plus sage de travailler jusqu'à la mort; mais j'étais devenu pâle et blême, et je regardais ce changement comme un signe que me faisait Dieu de me reposer. Monsieur, je n'ai jamais fui le travail. Quand j'étais jeune, c'est lui qui soutenait ma santé : je n'ai pas eu d'autre médecin. Mais ce qui fortifie dans la jeunesse épuise dans les vieux ans. Je ne pouvais plus travailler. Lorsque j'eus perdu ma fortune, je voulus reprendre mon travail; je le voulais de tout mon cœur. Je cherchai mes bras, je ne les trouvai plus. Pardonnez-moi ces larmes de souvenir : je n'ai jamais eu de moment plus triste que celui où je me sentis si faible.

M. D'ARCY. Vous eûtes alors recours à vos enfants?

LE VIEILLARD. Non, Monsieur; ils vinrent au-devant de moi. Je n'avais plus qu'une fille; mais je trouvai un fils dans son mari. Tout ce qu'ils avaient semblait m'appartenir. Ils eurent soin de moi, quoique je n'eusse pas un écu à leur laisser. Que Dieu les fasse asseoir à sa table céleste, comme ils m'ont fait asseoir à leur table en ce monde!

M. D'ARCY. Est-ce qu'ils sont devenus aujourd'hui plus froids envers vous?

LE VIEILLARD. Non, Monsieur; mais ils sont devenus pauvres eux-mêmes. Le torrent de la montagne a noyé leurs récoltes et renversé leur maison. Ils ont emprunté pour me faire vivre avec aisance jusqu'à la mort : c'est la seule chose en laquelle ils m'aient désobéi. Je veux qu'ils trouvent au moins l'argent de mes funérailles tout prêt, pour ne pas leur être à charge au-delà de ma vie. C'est pour cela que je viens demander l'aumône. Je suis un vieux homme, mais un jeune mendiant.

M. D'ARCY. Et où demeurez-vous?

LE VIEILLARD. Pardonnez, Monsieur; mais je ne le dis pas, soit pour moi, soit pour mes enfants.

M. D'ARCY. Excusez ma curiosité. Que Dieu me punisse si je cherche à la satisfaire.

LE VIEILLARD. J'y compte, Monsieur. Dans huit jours, regardez le ciel : vous y verrez, je l'espère, ma demeure, qui ne sera plus secrète.

M. D'ARCY, *lui présentant une poignée d'écus.* Prenez ceci, bon vieillard, et que Dieu soit avec vous !

LE VIEILLARD. Tout cela, Monsieur? non, ce n'était pas ma pensée. Il ne me faut qu'un écu, le reste m'est inutile : on n'a besoin de rien dans le ciel.

M. D'ARCY. Vous donnerez le surplus à vos enfants.

LE VIEILLARD. Que Dieu m'en préserve ! Mes enfants peuvent travailler ils n'ont besoin de rien.

M. D'ARCY. Adieu, bon vieillard; allez vous reposer.

LE VIEILLARD, *lui rendant tout son argent, excepté un écu.* Reprenez ceci, Monsieur.

M. D'ARCY. Mon ami, vous me faites rougir.

LE VIEILLARD. Je rougis bien aussi, moi ! C'est déjà trop de prendre un écu. Gardez le reste pour ceux qui ont à mendier plus longtemps que moi.

M. D'ARCY. Votre situation me touche.

LE VIEILLARD. J'espère qu'elle aura touché Dieu. Votre générosité le touche aussi, Monsieur, et il vous en tiendra compte.

M. D'ARCY. Voulez-vous prendre quelque nourriture?

LE VIEILLARD. J'ai déjà pris du pain et du lait.

M. D'ARCY. Emportez du moins quelque chose avec vous.

LE VIEILLARD. Non, Monsieur, je ne ferai pas cet affront à la Providence. Cependant un verre de vin, un seul.

M. D'ARCY. Plus, si vous voulez, mon ami.

LE VIEILLARD. Non, Monsieur, un seul, je n'en porte

pas davantage. Vous méritez que je boive chez vous la dernière goutte de vin que j'avalerai sur la terre, et je dirai dans le ciel chez qui je l'ai bue. Grand Dieu! un verre même d'eau ne demeure pas sans récompense auprès de vous. (*M. d'Arcy va lui-même chercher une bouteille. Le vieillard, se voyant seul, élève ses mains vers le ciel.*)

Mon dernier coup de vin! Dieu de justice, je vous prie de le rendre un jour vous-même à celui qui me le donne!

M. D'ARCY, *portant une bouteille et deux verres.* Prenez ce verre, bon vieillard. J'en ai apporté aussi un pour moi. Nous boirons ensemble.

LE VIEILLARD, *regardant le ciel.* Je vous remercie, mon Dieu, pour tout le bien que vous me faites dans ce monde. (*Il boit un peu et s'arrête. A M. d'Arcy, en trinquant avec lui.*) Que Dieu vous donne une fin aussi heureuse qu'à moi!

M. D'ARCY. Bon vieillard, passez ici cette nuit. Personne ne vous verra si vous le désirez.

LE VIEILLARD. Non, Monsieur, je ne le peux pas. Mon temps est précieux.

M. D'ARCY. Pourrais-je vous être bon encore à quelque chose?

LE VIEILLARD. Je le voudrais, Monsieur, par rapport à vous; mais je n'ai plus besoin de rien dans ce monde. (*Il regarde sur lui.*) Rien que d'un gant toutefois: j'ai perdu le mien.

M. D'ARCY, *fouillant dans sa poche et lui en présentant une paire.* Tenez, mon ami.

LE VIEILLARD. Gardez celui-là; je n'en ai demandé qu'un.

M. D'ARCY. Et pourquoi ne prenez-vous pas l'autre?

LE VIEILLARD. Cette main sait résister à l'air. Il n'y a que la gauche qui ne peut le supporter. Elle est refroidie depuis deux ans. (*Il gante sa main gauche, et présente la droite nue à M. d'Arcy.*) Je penserai à vous, Monsieur.

M. D'ARCY. Et moi aussi à vous. O mon ami! laissez-moi vous suivre. Il m'en coûte de garder la parole que je vous ai donnée.

LE VIEILLARD. Aussi, tant mieux pour vous, Monsieur, si vous la gardez. (*Il dégage sa main et veut s'en aller.*)

M. D'ARCY. Donnez-moi encore votre main, bon vieillard; elle est pleine des bénédictions de Dieu.

LE VIEILLARD. Je lui présenterai la vôtre dans le paradis. (*Il s'en va.*)

MATHILDE.

Vous vous souvenez encore, mes chers amis, des violentes chaleurs qui ont régné cet été. J'étais à Windsor, nous nous amusions à de petits jeux de société, lorsqu'il survint un orage furieux. Le tonnerre roulait avec un fracas épouvantable, dont toute la maison était ébranlée, tandis que les éclairs semblaient à chaque instant l'embraser. Une jeune demoiselle de la compagnie ne put se défendre de quelque émotion. On entendait aussi les cris d'effroi d'une femme de chambre. Au milieu de ce trouble, la petite Mathilde avait disparu. Sa mère, qui passait dans la chambre voisine, l'aperçut dans un coin.

— Que faites-vous là, ma fille? lui dit-elle.

— Oh! rien, maman.

— Est-ce que vous êtes effrayée de l'orage?

— Non, maman; vous m'avez appris à ne pas le craindre, et vous avez bien vu que je ne le craignais pas tout-à-l'heure.

— Pourquoi donc êtes-vous à genoux?

— C'est que j'ai vu frissonner Elise, j'ai entendu crier Kitty ; cela m'a fait de la peine. Je priais Dieu pour elles et pour tous ceux qui ont peur.

LA MAUVAISE MÈRE ET LE BON FILS.

Dans l'une de nos provinces maritimes, il y avait un intendant qui s'était rendu recommandable par son désintéressement et par son intégrité. Cet homme de bien, appelé M. de Carandon, mourut pauvre, et presque insolvable. Il avait laissé une fille que personne n'épousait, parce qu'elle avait beaucoup d'orgueil, peu d'agréments, et point de fortune. Un riche et honnête négociant la rechercha, par considération pour la mémoire de son père. Il nous a fait tant de bien, disait le bonhomme Corée ! (C'était le nom du négociant.) Il est bien juste que quelqu'un de nous le rende à sa fille. Corée se proposa donc humblement, et mademoiselle de Carandon, avec beaucoup de répugnance, consentit à lui donner la main, bien entendu qu'elle aurait dans sa maison une autorité absolue. Le respect du bonhomme pour la mémoire du père s'étendait jusque sur sa fille. Il la consultait comme son oracle, et si quelquefois il lui arrivait d'avoir un avis différent du sien, elle n'avait qu'à proférer ces paroles imposantes : Feu M. de Carandon, mon père... Corée n'attendait pas qu'elle achevât pour avouer qu'il avait tort.

Il mourut assez jeune, et lui laissa deux enfants. Son héritage, suivant ses dernières dispositions, fut mis en dépôt dans les mains de sa femme, avec le droit fatal de le distribuer à ses enfants comme bon lui semblerait. De ces deux enfants, l'aîné faisait ses délices ; non qu'il fût plus beau, ou plus heureusement né que le cadet, mais il était plus hardi et plus impérieux, par conséquent d'un caractère plus ressemblant au sien. Elle avait enfin, pour l'aimer uniquement, toutes les mauvaises raisons que peut avoir une mauvaise mère.

Le petit Jacquaut était l'enfant de rebut ; sa mère ne daignait presque pas le voir, et ne lui parlait que pour le gronder. Cet enfant intimidé n'osait lever les yeux devant elle, et ne lui répondait qu'en tremblant. Il avait, disait-elle, le naturel de son père, une âme du peuple. Pour l'aîné, qu'on avait pris soin de rendre aussi volontaire, aussi mutin, aussi capricieux qu'il était possible, c'était la gentillesse même : son indocilité s'appelait hauteur de caractère ; son humeur, excès de sensibilité. On s'applaudissait de voir qu'il ne cédait jamais quand il avait raison : or, il faut savoir qu'il n'avait jamais tort. On ne cessait de dire qu'il sentait son bien, et qu'il avait l'honneur de ressembler à madame sa mère. Cet aîné, appelé M. de l'Étang (car on ne crut pas qu'il fût convenable de lui laisser le nom de Corée), cet aîné, dis-je, eut des maîtres de toute espèce. Les leçons étaient pour lui seul, et le petit Jacquaut en recueillit le fruit ; de manière qu'au bout de quelques années, Jacquaut savait tout ce qu'on avait enseigné à M. de l'Étang, qui, en revanche, ne savait rien.

Toutes les personnes qui voulaient faire leur cour à Madame, s'apercevant de son faible, lui faisaient croire que son aîné était un prodige. Les maîtres, moins complaisants, ou plus maladroits, en se plaignant de l'in... ...lité, de l'inattention de cet enfant chéri ...issaient point sur les louanges de Jacquaut. Ils ne disaient pas précisément que M. de l'Étang fût un sot, mais ils disaient que le petit Jacquaut avait de l'esprit comme un ange. La vanité de la mère en fut blessée ; elle redoubla d'aversion pour ce petit malheureux, devint jalouse de ses progrès, et résolut d'ôter à son enfant gâté l'humiliation du parallèle.

Une aventure bien touchante réveilla cependant en elle les sentiments de la nature ; mais ce retour sur elle-même l'humilia sans la corriger. Jacquaut avait dix ans, de l'Étang en avait près de quinze, lorsqu'elle tomba dangereusement malade. L'aîné s'occupait de ses plaisirs, et fort peu de la santé de sa mère. C'est la punition des mères folles d'aimer des enfants dénaturés. Cependant on commençait à s'inquiéter. Jacquaut s'en aperçut ; et voilà son petit cœur saisi de douleur et de crainte. L'impatience de voir sa mère ne lui permet plus de se cacher. On l'avait accoutumé à ne paraître que lorsqu'il était appelé ; mais enfin sa tendresse lui donna du courage. Il saisit l'instant où la porte de la chambre est entr'ouverte ; il entre sans bruit et à pas tremblants ; il s'approche du lit de sa mère.

— Est-ce vous, mon fils ? demanda-t-elle.

— Non, ma mère, c'est Jacquaut. Cette réponse naïve et accablante pénétra de honte et de douleur l'âme de cette femme injuste ; mais quelques caresses de son mauvais fils rendirent bientôt à celui-ci tout son ascendant ; et Jacquaut n'en fut dans la suite ni mieux aimé, ni moins digne de l'être.

A peine madame Corée fut-elle rétablie, qu'elle reprit le dessein de l'éloigner de la maison. Son prétexte fut que de l'Étang, naturellement vif, était trop susceptible de dissipation pour avoir un compagnon d'étude ; et que les impertinentes prédilections des maîtres pour l'enfant qui était le plus humble, ou le plus caressant avec eux, pouvaient fort bien décourager celui dont le caractère plus haut et moins flexible exigeait plus de ménagements. Elle voulut donc que de l'Étang fût l'unique objet de leurs soins, et se défit du malheureux Jacquaut, en l'exilant dans un collége.

A seize ans, de l'Étang quitta ses maîtres de mathématiques, de physique, de musique, etc., comme il les avait pris; il commença ses exercices, qu'il fit à peu près comme ses études; et à vingt ans il parut dans le monde avec la suffisance d'un sot qui a entendu parler de tout, et qui n'a réfléchi sur rien.

De son côté, Jacquaut avait fini ses humanités, et sa mère était ennuyée des éloges qu'on lui donnait.

— Vous voilà grand, lui dit-elle un jour, il faut prendre un parti. Vous croyez peut-être que j'ai de quoi vous soutenir dans le monde; je vous déclare qu'il n'en est rien. La fortune de votre père n'était pas aussi considérable qu'on l'imagine; à peine suffira-t-elle à l'établissement de votre aîné. Pour vous, Monsieur, vous n'avez qu'à voir si vous voulez courir la carrière des bénéfices ou celle des armes; vous faire tonsurer, ou casser la tête; accepter, en un mot, un petit collet, ou une lieutenance d'infanterie; c'est tout ce que je puis faire pour vous.

Jacquaut lui répondit qu'il y avait des partis moins violents à prendre pour le fils d'un négociant. A ces mots, mademoiselle de Carandon faillit mourir de douleur d'avoir mis au monde un fils si peu digne d'elle, et lui défendit de paraître à ses yeux. Le jeune Corée, désolé d'avoir encouru l'indignation de sa mère, se retira en soupirant, et résolut de tenter si la fortune lui serait moins cruelle que la nature. Il apprit qu'un vaisseau était sur le point de faire voile pour les Antilles, où il avait dessein de se rendre. Il écrivit à sa mère pour lui demander son aveu, sa bénédiction, et une pacotille. Les deux premiers articles lui furent amplement accordés, mais le dernier avec économie.

Sa mère se croyant trop heureuse d'en être débarrassée, voulut le voir avant son départ, et en l'embrassant lui donna quelques larmes. Son frère eut aussi la bonté de lui souhaiter un heureux voyage. C'étaient les premières caresses qu'il avait reçues de ses parents. Son cœur sensible en fut pénétré. Cependant il n'osa leur demander de leur écrire; mais il avait un camarade de collége dont il était tendrement aimé : il le conjura, en partant, de lui donner quelquefois des nouvelles de sa mère.

Celle-ci ne fut plus occupée que du soin d'établir son enfant chéri. Il se déclara pour la robe. On lui obtint des dispenses d'études, et bientôt il fut admis dans le sanctuaire des lois. Il ne fallait plus qu'un mariage avantageux. On proposa une riche héritière, mais on exigea de la veuve la donation de ses biens. Elle eut la faiblesse d'y consentir, en se réservant à peine de quoi vivre décemment, bien assurée que la fortune de son fils serait toujours à sa disposition.

A l'âge de vingt-cinq ans, M. de l'Étang se trouva donc un petit conseiller tout rond, négligeant sa femme autant que sa mère, ayant grand soin de sa personne, et fort peu de souci des affaires du palais. Bientôt il n'y eut pas d'excès dans lesquels il ne se plongeât. Sa fortune diminuait tous les jours par ses dépenses énormes. Cependant, comme il croyait humiliant pour lui de déchoir, il se piqua d'honneur, et ne voulut rien rabattre de son faste : en sorte que dans quelques années il se trouva qu'il était ruiné.

Il en était aux expédients, lorsque madame sa mère, qui n'avait pas mieux ménagé sa réserve, lui écrivit pour lui demander de l'argent. Il lui répondit qu'il était au désespoir; mais que, loin de lui pouvoir envoyer des secours, il en avait besoin lui-même. Déjà l'alarme s'était répandue parmi les créanciers, et c'était à qui se saisirait le premier des débris de leur fortune.

— Qu'ai-je fait? disait cette mère désolée; je me suis dépouillée de tout pour un fils qui a tout dissipé!

Cependant qu'était devenu l'infortuné Jacquaut? Jacquaut, avec de l'esprit, la meilleure âme, la plus jolie figure du monde, et sa petite pacotille, était arrivé heureusement à Saint-Domingue. On sait combien un Français de bonnes mœurs et de bonne mine trouve aisément à s'établir dans les îles. Le nom de Corée, son intelligence et sa sagesse, lui acquirent bientôt la confiance des habitants. Avec les secours qui lui furent offerts, il acquit lui-même une habitation, la cultiva, la rendit florissante. Le commerce qui était en vigueur commençait déjà à l'enrichir, lorsque son camarade de collége qui, jusque-là, ne lui avait donné que des nouvelles satisfaisantes, lui écrivit que son frère était ruiné, et que sa mère, abandonnée de tout le monde, était réduite aux plus affreuses extrémités. Cette lettre fatale fut arrosée de larmes.

— Ah! ma pauvre mère, s'écria-t-il, j'irai, j'irai vous secourir! Il ne voulut s'en fier à personne. Un accident, une infidélité, la négligence ou la lenteur d'une main étrangère, pouvaient la priver des secours de son fils, et la laisser mourir dans l'indigence et le désespoir. Rien ne doit retenir un fils, se disait-il à lui-même, lorsqu'il y va de l'honneur et de la vie d'une mère.

Avec de tels sentiments, Corée ne fut plus occupé que du soin de vendre tout ce qu'il possédait, et le sacrifice ne coûta rien à son cœur. Il s'embarqua, et avec lui toute sa fortune. Le trajet fut heureux. Au bout de six semaines, il arriva sur les côtes de France, et ce digne fils, sans se permettre une nuit de repos, se rend avec son trésor auprès de sa malheureuse mère. Il la trouve au bord du tombeau, et dans un état plus affreux pour elle que la mort même. Elle était dénuée de tout secours, et livrée aux soins d'un domestique qui, rebuté de souffrir l'indigence où elle était réduite, lui rendait à regret les derniers soins d'une pitié humiliante. La honte de sa situation l'avait portée à défendre à ce domestique de recevoir personne que le prêtre et le médecin charitable qui la visitaient quelquefois.

Corée demande à la voir, on le refuse.

— Annoncez-moi, dit-il au domestique.

— Et quel est votre nom?

— Jacquaut. Le domestique s'approche du lit. Un étranger, dit-il, demande à voir Madame.

— Hélas! et quel est cet étranger?

— Il dit qu'il s'appelle Jacquaut. A ce nom, ses entrailles furent tellement émues, qu'elle faillit expirer. Ah! mon fils, dit-elle d'une voix éteinte, et en levant sur lui sa mourante paupière! Ah! mon fils, dans quel moment venez-vous revoir votre mère! Votre main va lui fermer les yeux. Quelle fut la douleur de cet enfant si pieux et si tendre, de voir cette mère qu'il avait laissée au sein du luxe et de l'opulence, de la voir dans un lit entouré de lambeaux, et dont l'image soulèverait le cœur, s'il m'était permis de la rendre!

— O ma mère! s'écria-t-il en se précipitant sur ce lit de douleurs... Ses sanglots étouffèrent sa voix, et les ruisseaux de larmes dont il inondait le sein de sa mère expirante, furent longtemps la seule expression de sa douleur et de son amour.

— Le ciel me punit, reprit-elle, d'avoir trop aimé un fils dénaturé, d'avoir... Il l'interrompit.

— Tout est réparé, ma mère, lui dit ce vertueux jeune homme; vivez. La fortune m'a comblé de biens, je viens les répandre au sein de la nature. C'est pour vous qu'ils me sont donnés. Vivez, j'ai de quoi vous faire aimer la vie.

— Ah! mon cher enfant! si je désire de vivre, c'est pour expier mon injustice; c'est pour aimer un fils dont je n'étais pas digne, un fils que j'ai déshérité. A ces mots, elle se couvrit le visage, comme indigne de voir le jour.

— Ah! Madame, s'écria-t-il en la pressant dans ses bras, ne me dérobez point la vue de ma mère! Je viens à travers les mers la chercher et la secourir.

Dans ce moment le prêtre et le médecin arrivèrent.

— Voilà, dit-elle, mon enfant, les seules consolations que le ciel m'a laissées; sans leur charité, je ne serais plus. Corée les embrasse en fondant en larmes.

— Mes amis, leur dit-il, mes bienfaiteurs, que ne vous dois-je pas ? Sans vous je n'aurais plus de mère. Achevez de la rappeler à la vie. Je suis riche, je viens la rendre heureuse. Redoublez vos soins, vos consolations, vos secours; rendez-la moi.

Le médecin vit prudemment que cette situation était trop violente pour la malade.

— Allez, Monsieur, dit-il à Corée, reposez-vous sur notre zèle, et n'ayez plus d'autre soin que de faire préparer un logement commode et sain. Ce soir Madame y sera transportée.

Le changement d'air, la bonne nourriture, ou plutôt la révolution qu'avait faite la joie, et le calme qui lui succéda, ranimèrent insensiblement en elle les organes de la vie. Un chagrin profond avait été le principe du mal, sa consolation en fut le remède. Corée apprit que son malheureux frère venait de périr misérablement; mais, par bonheur, sans laisser d'enfants. On déroba la connaissance de cette mort à une mère sensible, et trop faible pour soutenir, sans expirer, un nouvel accès de douleur. Elle l'apprit enfin ! lorsque sa santé fut plus affermie. Toutes les plaies de son cœur se rouvrirent, et les larmes maternelles coulèrent de ses yeux. Mais le ciel, en lui ôtant un fils indigne de sa tendresse, lui en rendait un qui l'avait méritée par tout ce que la nature a de plus sensible et la vertu de plus touchant. Il avait laissé en Amérique une jeune veuve nommée Lucelle, dont il était tendrement aimé, et à laquelle il se disposait à s'unir. Il confia à madame Corée les désirs de son âme. C'était de pouvoir réunir dans ses bras son épouse et sa mère.

Celle-ci saisit avec joie le projet de passer avec lui en Amérique. Une ville remplie de ses folies et de ses malheurs, était pour elle un séjour odieux; et l'instant où elle s'embarqua lui rendit une nouvelle vie. Le ciel, qui protége la piété, leur accorda des vents favorables. Lucelle reçut la mère de son fiancé comme elle aurait reçu sa mère. L'hymen fit de ces amants les époux les plus fortunés, et leurs jours coulent encore dans cette paix inaltérable, dans ces plaisirs purs et sereins qui sont le partage de la vertu.

LES AVANTAGES DE LA MÉDIOCRITÉ.

Je suis né dans les Gaules, d'une famille assez médiocre, et de parents qui, pour tout héritage, ne me laissèrent que des exemples de vertu à suivre. Mon père, par sa conduite, était parvenu à des emplois qu'il exerça avec beaucoup d'honneur, et qui avaient déjà rendu sa fortune assez brillante, quand une longue maladie, qui le rendit très infirme, l'obligea de les quitter dans un âge peu avancé.

A peine s'en fut-il défait, qu'une banqueroute subite lui enleva les deux tiers de ce qu'il avait acquis; il ne lui resta pour toute ressource qu'un bien de campagne d'un très modique rapport, où il alla vivre, ou plutôt languir, avec sa petite famille, composée de ma mère, de ma sœur qui avait dix-sept ans, de moi qui en avais près de seize, et qui sortais de mes classes.

Ma mère, qui avait une extrême tendresse pour ses enfants, et qui les voyait pauvres, soutint d'abord notre malheur avec moins de force que mon père. Toute vertueuse qu'elle était, son esprit parut entièrement succomber sous le coup qui venait de nous frapper. Dès qu'elle fut à la campagne, la grande économie qu'il fallait y garder pour vivre, le retranchement total de mille petites délicatesses qu'elle nous avait laissé prendre, et dont elle nous voyait privés; le chagrin de voir ses enfants devenus ses domestiques, et changés, pour ainsi dire, en valets de campagne; enfin, je ne sais quelle tristesse muette et honteuse qu'elle voyait en nous, que la misère peint sur le visage des honnêtes gens qu'elle humilie, et qui fait plus de peine à voir aux personnes qui ont du sentiment que la douleur la plus déclarée : tout cela jetait ma mère dans une affliction dont elle n'était pas la maîtresse. Elle ne pouvait nous regarder sans pleurer; mon père, qui l'aimait, et à qui nous étions chers, s'enfuyait quelquefois à ses pleurs, et quelquefois ne pouvait, à son tour, s'empêcher de joindre ses larmes aux siennes.

Un jour que je revenais sur le soir de cueillir quelques fruits dans un petit verger que nous avions, je surpris mon père et ma mère qui se parlaient auprès de notre maison, et je les écoutai à la faveur d'une haie qui me couvrait. J'entendis que ma mère soupirait, et que mon père s'efforçait de calmer sa douleur.

—Dans les premiers jours de notre infortune, lui disait-il, je n'ai point condamné l'excès de votre affliction. Vous vous y êtes abandonnée; je ne vous ai rien dit; il n'est pas étonnant que la raison plie d'abord sous de certains revers : les mouvements naturels doivent avoir leur cours; mais on se retrouve après cela, on revient à soi-même, on s'apaise, et vous ne vous apaisez point. J'ai dévoré mes chagrins autant que j'ai pu, de peur d'augmenter les vôtres. Pour vous, vous ne me ménagez point; vous m'accablez, vous me faites mourir, et vous ne vous en souciez pas. J'aime nos enfants autant que vous les aimez ; j'ai été aussi sensible que vous au malheur qui leur ôte ce que j'espérais leur laisser. D'ailleurs je suis infirme ; suivant toute apparence, vous me survivrez, vous serez à plaindre, et vous aurez de la peine à vivre. Que croyez-vous qu'il se passe dans mon cœur, quand j'envisage tout ce que je vous dis là? Depuis trente ans que je vis avec vous dans une si grande union, n'ai-je pas appris à m'intéresser à ce qui vous regarde? N'avez-vous pas eu le temps de me devenir chère? Mes chagrins, tels qu'ils sont, ne me suffisent-ils pas? Voulez-vous toujours en redoubler l'amertume? Mes forces diminuent tous les jours, la fin de ma vie n'est que trop persécutée; ne contribuez point à la rendre plus triste. Vous avez toujours eu de la religion ; j'espérais que vous me consoleriez, que nous nous consolerions l'un l'autre : mais tout me manque à la fois. Dieu veut apparemment que je meure environné de trouble et de désolation. Il m'a ôté mes biens, ma santé; et vous m'ôtez la satisfaction de vous voir soumise à sa volonté. C'est là le seul bien qui pouvait me rester, la seule paix que mon cœur pouvait goûter; votre vertu me la promettait; mais tout m'est refusé. Il faut que l'affliction me suive jusqu'au tombeau, et que Dieu m'éprouve jusqu'au dernier moment de ma vie.

Je n'entendis, après ces mots, qu'un mélange confus de soupirs qui me percèrent le cœur; ensuite ils recommencèrent à se parler, mais très bas, et comme en se promenant; ce qui me fit perdre ce qu'ils disaient. J'allais donc me retirer, quand mon père, haussant un peu plus la voix, m'arrêta.

— Ne vous embarrassez point de nos enfants, dit-il; mon fils a des sentiments d'honneur, et sa sœur est née vertueuse : ne songeons qu'à cultiver ces heureuses dispositions. Depuis le malheur qui nous est arrivé, j'ai découvert en eux un caractère qui me charme. Ils vous ont vu pleurer pour le peu de fortune que nous leur laisserons ; ils m'en ont vu affligé moi-même. Vos pleurs et mes chagrins ne sont pas demeurés sans reconnaissance : leur cœur y a répondu ; et notre affliction pour eux a réchauffé leur tendresse pour nous : je l'ai remarqué dans mille petites choses ; et je vous avoue que cela me donne une grande idée d'eux. Mettons à profit ces attendrissements où notre amour les a mis pour nous. Voici l'instant de leur donner des leçons : jamais leur cœur n'y sera plus docile. Ils sont infortunés et attendris; il n'y a point de situation plus amie de la vertu que celle où ils se trouvent.

Mon père et ma mère, après s'être encore entretenus quelque temps, rentrèrent dans la maison ; je m'y retirais moi-même, quand je rencontrai ma sœur, qui venait d'un autre côté ; comme elle me vit fort triste, elle me demanda ce que j'avais.

— Hélas! ma sœur, lui répondis-je, la larme à l'œil, si vous saviez la conversation que je viens d'entendre, entre mon père et ma mère, sur notre chapitre, vous seriez aussi affligée que moi ; je n'étais pas loin d'eux, ils ne me voyaient point : ma mère est toujours au désespoir de nous voir ruinés; elle nous aime trop, nous serons la cause de sa mort : mon père n'oublie rien pour la consoler, et je sens bien qu'il aurait besoin de consolation lui-même : vous savez qu'il n'a point de santé : ma mère, depuis quelque temps, est toujours malade : nous les perdrons peut-être tous deux, ma sœur; ils ne peuvent pas y résister; et où en serions-nous après? Que ferions-nous au monde s'ils n'y étaient plus? De quel côté nous tourner? Qui est-ce qui nous aimera autant qu'ils nous aiment? Est-ce que nous pourrions vivre sans les voir, nous qui n'avons qu'eux, nous qui n'aimons qu'eux? Aussi, ma sœur, je vous l'avoue, j'aimerais mieux mourir que de nous voir abandonnés comme nous le serions.

— Nous n'y sommes pas encore, me répondit-elle avec amitié (car nous étions très tendrement unis); ne vous mettez point des choses si funestes dans l'esprit : surtout, mon frère, n'allez point pleurer devant eux ; prenez-y garde, vous les chagrineriez encore davantage : tâchons au contraire de leur paraître gais ; peut-être que cela diminuera l'affliction où ils sont : puisqu'ils nous aiment tant, ils méritent bien que nous fassions pour eux tout ce que nous pourrons.

Mon père, qui, au bruit que nous faisions, s'était arrêté sur le pas de la porte, s'approcha doucement dans l'obscurité, et entendit aisément tout ce que nous disions ; son cœur n'y put tenir, il vint à nous, pénétré de tendresse.

— Ah! mes enfants, que vous êtes aimables! nous dit-il en nous serrant entre ses bras, et que vous méritez bien vous-mêmes toute l'inquiétude que vous m'avez donnée jusqu'ici! Venez, suivez-moi ; ajouta-t-il en nous prenant par la main ; allons dire à votre mère ce que je sais de vous ; venez lui payer ses larmes ; je la connais, quel bonheur pour elle! quelle récompense de sa douleur, quelle mère eut jamais plus de grâces à rendre au ciel!

Mon père continuait toujours à nous parler ; quand il entra avec nous dans une salle où était ma mère qui lisait :

— Quittez votre lecture, lui dit-il ; je viens vous apprendre qu'il n'y a plus d'affliction ni pour vous ni pour moi. Embrassez vos enfants ; jamais père ni mère n'en ont eu de plus dignes de leur tendresse : ne les plaignez plus, réjouissez-vous ; nous nous trompions, nous avions du chagrin pour eux, et il ne leur est point arrivé de vrai malheur : rien ne leur manque, ma chère femme ; ils ont de la vertu, je viens d'en être convaincu, je les écoutais sans qu'ils le sussent. Votre fille disait tout-à-l'heure à son frère qui pleurait, que puisque nous les aimions tant, nous méritions bien qu'ils s'efforçassent d'adoucir nos inquiétudes : que dites-vous de ces sentiments-là ? Y a-t-il des richesses qui les vaillent ? Nos enfants resteront-ils si malheureux ? Serez-vous encore affligée ? Le pourrez-vous ? N'obtiendront-ils rien ? Pour moi, je me suis déjà acquitté envers eux ; mon cœur est en paix ; je suis content, et j'ose leur répondre que vous le serez aussi ; pour de la tristesse, il n'en est plus question : je crois que vous ni moi n'en saurions plus avoir après cela ; mais ce n'est pas assez que de cesser d'être tristes, nous devons nous croire heureux, nous devons l'être, comme nous le sommes effectivement, d'avoir des enfants qui ont le cœur si bon.

Ma mère, à ce discours, versa des torrents de larmes ; mais ce fut des larmes de joie.

—Oui, s'écria-t-elle en nous faisant des caresses, auxquelles mon père joignait encore les siennes ; oui, mon mari, vous avez eu raison de répondre pour moi, je suis contente.

Je ne savais où j'étais, pendant que ma mère nous parlait ainsi ; le ravissement où je la voyais, ses caresses, celles de mon père avaient mis mon cœur dans une situation qu'on ne peut exprimer ; je me rappelle seulement que dans tout le cours de ma vie je n'ai jamais senti de mouvement dont mon âme ait été aussi tendrement pénétrée qu'elle le fut dans ce moment.

De ce jour-là finit notre tristesse commune. Nous passâmes six mois dans toute la paix et toute la gaieté que peut donner un état où l'on ne désire plus rien. Je me promenais souvent avec mon père, et de tout ce qui s'offrait à nos yeux, il en prenait occasion de m'instruire. Je ne sais comment il faisait en m'instruisant : mais je regardais nos entretiens comme des heures de récréation pour moi ; je craignais de les voir finir : il avait l'art de les rendre intéressants :

j'aimais à sentir ce qu'il disait. Ma jeunesse et ma vivacité, qui pouvaient me dégoûter de ce qui était sérieux et raisonnable, comme pour l'ordinaire elles en dégoûtent les jeunes gens, ne contribuaient, avec lui, qu'à me rendre plus attentif à tous les discours : j'en valais mieux entre ses mains d'être jeune et vif, parce que j'en avais plus d'ardeur pour le plaisir, et que ce plaisir, il avait su faire en sorte que je le misse à m'entretenir avec lui.

Un jour que nous nous promenions, comme de coutume, nous vîmes passer un seigneur extrêmement âgé, qui se promenait comme nous assez près de son château; il avait l'air triste, abattu, et rêvait profondément.

— D'où vient donc que ce seigneur est ici? dis-je en le voyant; il me semble ne l'avoir jamais vu à la campagne.

— C'est qu'il a eu ordre de se retirer de la cour, me dit mon père.

— Et pourquoi cela?

— Oh! pourquoi? pour n'avoir pas eu l'adresse de se maintenir dans la faveur, pour n'avoir pas eu une intrigue supérieure à celle de ses ennemis, pour n'avoir pas perdu lui-même ceux qui l'ont perdu; car, ordinairement, voilà les crimes de ces fameux disgraciés.

— Mais, mon père... vous m'étonnez; les moyens de se maintenir en faveur me paraissent bien étranges; c'est donc un coupe-gorge que la cour des princes? Eh! comment d'honnêtes gens peuvent-ils s'accommoder de cette faveur?

— Je n'en sais rien : tout ce que je puis dire, c'est que les ambitieux s'en accommodent.

— Sur ce pied-là, quand on dit d'un homme qu'il est ambitieux, on en dit bien du mal. Mais ne pourrait-on pas s'exempter de la nécessité de nuire aux autres? Il n'y aurait qu'à ne se point faire des ennemis.

— Cela ne servirait de rien, car dans ce pays-là les ennemis se font d'eux-mêmes. Avez-vous du crédit, êtes-vous en place; vous voilà brouillé sans rémission avec je ne sais combien de gens à qui pourtant vous rendez service.

— Eh! quel mal peut-on vouloir à un homme qui oblige?

— On lui veut du mal de ce qu'il est en état d'obliger, de ce qu'on a besoin d'être son ami; au lieu qu'on voudrait que ce fût lui qui eût besoin d'être le nôtre.

— Eh! de quelle manière faut-il donc se comporter avec des gens si méchants?

— Hélas! mon fils, me répondit-il, il faut être méchant soi-même; encore est-il bien difficile de l'être avec succès : car il s'agit d'avoir une méchanceté habile, qui perde finement vos ennemis, sans qu'ils voient comment vous vous y prenez : souvent même est-il nécessaire que ceux que vous employez pour les perdre ne s'aperçoivent pas de votre dessein. Sais-tu bien qu'à la cour, c'est le chef-d'œuvre de l'esprit humain que cette méchanceté-là? On dit de celui qui y parvient : Voilà un habile homme, voilà un homme de tête; il a culbuté ses ennemis; il a su écarter tout ce qui lui faisait ombrage; il faut avoir bien de l'esprit pour se tirer d'affaire comme il a fait.

— Mais, mon père, parmi des personnes comme nous, quelqu'un qui ressemblerait à cet habile homme-là, nous dirions de lui que c'est un fourbe, un perfide, un homme sans conscience et sans honneur, un homme qui ne vaut rien.

— Bon, me dit mon père en riant : tu fais là une plaisante comparaison. Eh! qu'est-ce que c'est que des gens comme nous? Il appartient bien à des hommes d'un état médiocre d'avoir le privilége d'être fourbes ou perfides avec gloire! Ne voilà-t-il pas de beaux intérêts que les nôtres, pour mériter qu'on honore du nom d'habileté les perfidies que nous emploierions pour avancer nos affaires, pour ruiner celles de nos semblables ! Oh ! mon fils, ce n'est pas là l'esprit du monde; tu vois les choses comme elles sont, toi; tu as les yeux trop sains ; mais si un peu d'extravagance humaine s'emparait malheureusement de ton cerveau, égarait ta raison, et mitigeait tes principes de vertu, tu penserais bien d'une autre manière.

Tandis que mon père me parlait ainsi, je jetais de temps en temps les yeux sur le vieux seigneur, qui se promenait encore assez près de nous, et je le voyais toujours enseveli dans une rêverie mélancolique.

— Il me paraît que tu t'intéresses au chagrin de celui que tu regardes ? me dit mon père.

— Il est vrai, lui dis-je ; il me semble qu'il souffre.

— Je le connais, reprit mon père ; il a l'âme d'un honnête homme ; il est né obligeant ; l'on a toujours dit du bien de lui : je suis persuadé qu'il n'est tombé que faute d'avoir cette méchanceté ardente par laquelle on vient à bout de se défendre de ses ennemis, et de les surprendre.

— Sur ce pied-là, répondis-je, il se consolera bientôt de sa chute ; un honnête homme ne saurait longtemps regretter un état incompatible avec sa bonté naturelle.

— Hélas ! mon enfant, reprit-il, je suis sûr que ce seigneur ne le regrette que trop cet état où il n'est plus. Son cœur n'y a pas fait naufrage ; il y est resté bon et généreux ; mais l'habitude des honneurs peut lui avoir gâté l'esprit ; il regrette ce fracas dans lequel il vivait, ce mouvement que tant de monde se donnait pour aller à lui ; il regrette ces flatteurs dont il se moquait, mais qui regardaient comme un bonheur de se le rendre favorable ; il ne voit plus ces airs timides et rampants qui divertissaient sa vanité ; il ne fait plus la destinée de personne ; ses amis n'ont plus tant d'intérêt à le ménager ; il soupire après cette place qu'il tenait dans l'esprit des autres, après ce respect craintif qu'il aimait à inspirer, quoiqu'il se plût à le dissiper par des procédés obligeants ; enfin, après mille fantômes pareils, sans lesquels il ne peut vivre, et qui sont devenus la nourriture nécessaire d'un esprit empoisonné d'ambition.

La nuit, qui s'approchait pendant que nous nous entretenions, mon père et moi, nous fit reprendre le chemin de la maison.

En nous retirant, nous rencontrâmes un laboureur qui revenait de son travail, et qui chantait de toute sa force.

— Voici un homme qui a le cœur bien gai, dis-je à mon père !

— Il a de bonnes raisons pour cela, me répondit-il ; c'est que la terre avait besoin de pluie, et qu'il a plu.

Je ne pus m'empêcher de rire du ton sérieux dont mon père me tint ce discours.

— Le courtisan disgracié, qui se promenait tout-à-l'heure, a vu pleuvoir aussi, repris-je, mais son esprit n'en a pas reçu de soulagement.

— Tu me fais là une belle comparaison, me dit-il, d'un laboureur à un courtisan ! Le temps qu'il fait est excellent pour la terre ; eh bien ! le courtisan, quel avantage en peut-il espérer ? Que ses greniers en seront plus pleins de biens ; qu'il en aura abondamment de quoi vivre : cela est vrai ; mais sa vanité, de quoi vivra-t-elle ? Ses besoins sont pour le moins aussi pressants que s'ils étaient raisonnables : et la pluie ni le soleil ne peuvent rien pour eux ; au lieu qu'ils peuvent pour les besoins de ce laboureur, qui ne veut que vivre, et qui voit que son champ, dont il vit, en profitera davantage. Ainsi, tu comprends qu'il a raison d'être gai, puisqu'il est presque sûr d'avoir ce qu'il souhaite. Ne le trouves-tu pas heureux d'être si borné dans ses désirs? Qu'en dis-tu? Que les hommes soient bons ou méchants, qu'ils se trahissent à la cour ou à la ville, qu'un ministre superbe les rebute ou les favorise, qu'ils courent après de grands emplois, qu'ils les manquent ou qu'ils les perdent, tout cela n'est point de la connaissance du laboureur; c'est un état de trouble et de misère que sa condition lui épargne. Il pleut à propos, cela lui suffit; le bonhomme se couche content, se lève de même, reprend son travail avec plaisir, et meurt enfin aussi tranquillement qu'il a vécu; car une vie passée dans le repos a cela d'heureux, qu'elle est douce pendant qu'on en jouit, et qu'on ne s'y trouve point attaché quand on la quitte.

Nous arrivâmes à la maison en nous entretenant ainsi : nous trouvâmes ma mère un peu indisposée. Le lendemain, son indisposition augmenta, la fièvre la prit, et, quelques jours après, elle mourut.

Je passe la douleur que je ressentis à sa mort, et l'affliction où tomba mon père, qui ne put se consoler; elle mourut en lui serrant la main, pendant que nous fondions en larmes au pied du lit, ma sœur et moi.

Ce ne fut que pleurs et que gémissements dans notre maison pendant un mois : aussi fîmes-nous une perte irréparable. Quelle union entre elle et mon père! Que de tendresse elle avait pour ses enfants! Je ne me souviens pas de l'avoir jamais regardée comme une personne qui avait de l'autorité sur moi : je ne lui ai jamais obéi parce qu'elle était la maîtresse, et que je dépendais d'elle ; c'était l'amour que j'avais pour elle qui me soumettait toujours au sien. Quand elle me disait quelque chose, je connaissais sensiblement que c'était pour mon bien ; je voyais que c'était son cœur qui me parlait ; elle savait pénétrer le mien de cette vérité-là; elle s'y prenait pour cela d'une manière qui était proportionnée à mon intelligence, et que son amour pour moi m'enseignait sans doute ; car je la comprenais parfaitement, tout jeune que j'étais, et je recevais la leçon avec le trait de tendresse qui me la donnait ; de sorte que mon cœur était reconnaissant aussitôt qu'instruit, et que le plaisir que j'avais en lui obéissant m'affectionnait bientôt à ses leçons mêmes.

Si quelquefois je n'observais pas exactement ce qu'elle souhaitait de moi, je ne la voyais point irritée ; je n'essuyais aucun emportement, aucun reproche dur et menaçant ; point de ces impatiences, de ces vivacités de tempérament, qui entrent de moitié dans les corrections ordinaires, et qui les rendent pernicieuses, par le mauvais exemple qu'elles y mêlent. Non, ma mère ne tombait pas dans ces fautes-là, et ne me donnait pas de nouveaux défauts en me reprenant de ceux que j'avais ; je ne lui voyais pas même un air sévère ; je ne la trouvais pas d'un accès moins aisé ; elle était seulement plus triste ; elle me disait doucement que je l'affligeais, et me caressait même en me montrant son affliction ; c'était là mon châtiment, aussi je n'y tenais pas. Un jeune homme né avec un cœur un peu sensible ne saurait résister à de pareilles manières. Je pleurais de tout mon cœur ; je lui promettais, en l'embrassant, de ne lui plus donner le moindre sujet de chagrin, et je tenais parole ; je me serais même fait un scrupule de la tromper, quand je l'aurais pu : ce mélange de bonté et de plaintes, cette douleur attendrissante qu'elle me témoignait, quand je faisais mal, me suivait partout ; c'était une scène que je ne pouvais me résoudre à voir recommencer ; son cœur, que je ne perdais jamais de vue, tenait le mien en respect ; je n'aurais pas goûté le plaisir de la voir contente de moi, si je m'étais dit intérieurement qu'elle ne devait pas l'être ; je me serais reproché son erreur.

La mort me la ravit dans le temps où j'avais le plus besoin d'elle. J'entrais dans un âge sujet à des égarements que je ne connaissais pas encore, et où ce tendre égard que j'avais pour elle m'aurait été plus profitable que jamais.

Mon père ne put survivre longtemps à sa perte : sa santé, qui était déjà très mauvaise, s'altéra encore davantage ; plusieurs infirmités l'attaquèrent à la fois, il n'agissait plus, et bientôt il fut réduit à garder le lit : il ne vécut qu'un an dans ce triste état, et il mourut entre mes bras, pendant que ma sœur était absente pour affaires domestiques.

— Mon fils, me dit-il un moment avant d'expirer, vous avez perdu votre mère, vous allez me perdre, et je vous vois au désespoir ; mais vous n'y serez pas toujours, le temps console de tout. Je vais répondre de mes actions à celui qui m'a donné la vie ; vous lui répondrez un jour des vôtres, songez-y ; au défaut de biens que je ne puis vous laisser, mon amour vous laisse cette pensée ; ne la perdez point, vous y trouverez tous les conseils que je pourrais vous donner, et c'est elle qui doit désormais vous tenir lieu de père et de mère.

A peine eut-il achevé ce peu de mots, qu'il tomba dans une faiblesse qui lui ôta la parole ; il prononça encore quelque chose de mal articulé, et où je compris qu'il demandait sa fille ; après quoi ses yeux se fixèrent sur moi, et ne cessèrent de me regarder que lorsqu'il expira.

Je ne saurais peindre l'état où je me trouvai alors ; en le voyant mourir, je crus voir encore une fois mourir ma mère ; il me semblait que je venais de les perdre tous deux dans le même moment.

Je ne savais où j'étais, je restais dans un accablement qui me rendait stupide ; ma sœur était déjà de retour, m'avait parlé, avait poussé des cris, que je n'étais pas encore revenu à moi-même.

Que nous étions à plaindre! nous n'avions point de parents dans la province; des amis, nous n'er connaissions point : qui est-ce qui s'attache à d'honnêtes gens qui sont dans l'infortune?

Dans un si grand abandon, je ne savais que devenir; il me semblait que nous ne tenions plus à rien, et j'étais presque dans le désespoir. Ma sœur eut plus de fermeté que moi, sa raison rappela la mienne : et ses sages conseils me décidèrent à passer ma vie avec elle. Nous donnons tous les jours des larmes à la mort de nos respectables parents. Ils ne nous ont point laissé de fortune; mais ils nous ont appris à la mépriser, et cela vaut mieux. Le souvenir de leurs vertus nous donne la force de cultiver le champ qu'ils nous ont laissé; notre modération règle nos besoins, et ils sont satisfaits par notre sage économie. Nous jouissons de la douceur et des charmes de l'amitié, et nous vivons heureux, parce que nous avons appris de bonne heure à savoir l'être.

LE DUEL.

Melcour fut privé de ceux à qui il devait le jour, dans un âge où il ne pouvait sentir toute l'étendue de cette perte. Un de ses oncles le retira chez lui, le fit élever avec son fils, et prit le plus grand soin de leur éducation. Florainville et Melcour, unis par les liens du sang, le furent bientôt par ceux de l'amitié, que l'habitude de vivre ensemble augmenta de plus en plus. Leur naissance les appelait au service. Dès qu'ils eurent l'âge requis pour y entrer, on leur obtint de l'emploi dans le même régiment. Florainville avait toujours fui l'étude. La dissipation qu'entraîne l'état militaire en temps de guerre principalement (et nous y étions alors), ne contribua qu'à l'en éloigner davantage. Pour Melcour, il joignait à beaucoup d'esprit l'envie de le cultiver. Ses occupations avaient été sagement dirigées. Un caractère honnête, doux, sensible et complaisant, et des réflexions profondes, lui firent abhorrer, sur toutes choses, la criminelle pratique du duel, trop en vogue dans le temps qu'il commença à servir.

La différence des goûts diminua peu à peu l'amitié qui était entre ces deux jeunes gens. L'amour du plaisir aveugla Florainville. Il se dérangea. Ses dettes s'accumulèrent. Melcour le plaignit, l'aida de sa bourse, et chercha à le retirer du précipice où il allait se plonger. Il lui représenta combien sa conduite l'avilirait aux yeux des gens sensés. Ceux même, lui disait-il, qui applaudissent à présent à vos faiblesses, seront les premiers à vous accabler des railleries les plus piquantes, dès qu'ils vous verront sans ressource. Ils se disent vos meilleurs amis ; vous les croyez... Ils vous ont éloigné de moi ; ils m'ont peint à vos yeux sous les traits les plus défavorables ; et s'ils ne sont point parvenus à éteindre l'amitié que vous m'avez jurée, au moins l'ont-ils affaiblie... Les méchants savent combien ma tendresse pour vous est sincère. Ils sont instruits des soins que j'ai pris jusqu'ici de vous éclairer sur leurs perfides desseins, et ils veulent m'en punir. O mon ami ! s'ils parvenaient à m'enlever votre cœur, leurs succès ne seraient que trop complets. Mais je ne vous parle pas ici pour moi seul, mon cher Florainville. Au nom des sentiments qui unirent notre enfance, ne plongez pas le poignard dans le sein du meilleur des pères. S'il était témoin des excès auxquels vous vous abandonnez, il en mourrait de douleur.

Tous ces discours accablèrent Florainville ; il promit de changer ; mais ses perfides compagnons de débauche lui présentèrent le crime sous des dehors si séduisants, qu'il fut trop faible pour résister. Melcour, sachant qu'après avoir perdu au jeu des sommes considérables, il était allé dissiper son chagrin dans un lieu infâme, osa l'y aller trouver, et lui rappela avec force ses devoirs, et les promesses qu'il avait faites de les remplir.

Florainville ne se connaissait plus; il se porta contre son cousin à des excès inexcusables. Il tira son épée. Melcour refusant de se battre, ce furieux lui tint les propos les plus insultants. Dans sa rage, il l'eût frappé, si quelque reste de raison ne l'eût arrêté. Son cousin, toujours aussi tranquille, ne se laissa pas émouvoir; malgré tout ce qui rendait Florainville indigne de partager sa tendresse, il ne vit en lui qu'un parent dont il était l'ami.

Celui-ci, ébranlé par cette égalité d'âme, revient à lui-même; il a honte de ses emportements; il en demande mille excuses. Sa grâce était dans le cœur de Melcour. Il ne la sollicite pas longtemps. Mille tendres embrassements furent le gage de leur réconciliation.

Un officier d'un autre régiment avait assisté à leur dispute; il avait été témoin du peu de retenue de Florainville; et le flegme de son cousin lui avait paru l'effet de son peu de courage. Il ne manqua pas d'en faire des plaisanteries très fortes; elles furent entendues de quelques-uns des camarades de Melcour. Dans la carrière de l'honneur, le moindre soupçon paraît injurieux. On fit les recherches les plus exactes, et l'on découvrit ceux qui avaient donné lieu aux propos de toute la garnison. On leur fait dire que le corps a été insulté en leurs personnes, et que c'est à eux à le venger. Ils n'ont pas même le choix des moyens. Si ce qu'on raconte de leur dispute est vrai, ils doivent se battre, ou égorger celui qui a eu l'audace d'en imposer avec autant de malignité. Qu'on se peigne la situation de Melcour! Ses principes lui défendent le duel; et, s'il cède aux cruelles volontés de son corps, il se trouve réduit à l'affreuse nécessité de plonger son épée dans le sein de son semblable, de son parent, de son ami. Il a beau représenter les motifs qui l'ont guidé, on ne lui répond qu'en désignant l'endroit où il doit se rendre, et les armes qu'il doit apporter. Rien n'égale son désespoir. Il se retire chez lui. Florainville, qui vient le chercher, le trouve les coudes appuyés sur une table, son visage couvert de ses mains; ses larmes coulent en abondance; il n'interrompt ses sanglots que pour répéter le nom de Florainville. A ce spectacle, celui-ci ne se possédant plus, se précipite aux genoux de son ami. Sa vue retrace à Melcour toute l'horreur de son état; il le repousse...

— Quoi! dans un moment je dois te poignarder, et tu t'offres à mes yeux!... Il tombe dans les bras de son cousin; ses pleurs coulent avec plus de force. O Florainville! dit-il d'une voix étouffée, si ma main t'arrache la vie, je ne te survivrai pas. Que dirai-je à ton père? Hélas! il n'a donc pris tant de soins de mes premières années que pour me voir teint du sang de son fils... Oh! malheureux vieillard! quel que soit le succès de cet horrible combat, il sera pour ton cœur paternel une source de larmes.

Dans le moment, quelques officiers forcent la porte: ils viennent pour avertir Melcour qu'il ne peut se faire attendre plus longtemps; que c'est donner lieu de soupçonner sa valeur. Quel affreux moment! Ces deux amis se tiennent étroitement embrassés. Ils ne répondent que par des sanglots.

Cependant Florainville, chez qui le cruel honneur parle encore plus haut que l'amitié, rompt le premier ce douloureux silence. Il se lève, tend les bras à Melcour qu'il n'ose regarder. Alors celui-ci

— Quoi! tu veux, barbare, que j'aille... Non, cruel, non : que vos vains préjugés me déshonorent; j'y sonsens. Je ne serai pas homicide... Vous voulez ma mort : eh bien ! venez vous-même m'arracher une vie que je déteste. Il se lève, se promène à grands pas. M'armer contre lui ! s'écrie-t-il. Florainville, je te verrai expirer de ma main !... et ton père... il me redemandera son fils... — Où est mon fils ? où est mon fils ? et je serai couvert de son sang !... — Quel crime avait-il commis pour que ton bras... — Aucun, aucun, ô mon second père !... La vengeance ne m'a point égaré... C'est en nous embrassant que nous avons tourné nos épées l'un contre l'autre... Un barbare préjugé m'a aveuglé ; il est tombé sous mes coups, victime d'un faux honneur... Non... non, ô Florainville !

A ces mots, il se jette sur son cousin, le serre étroitement contre son sein. — Je ne serai point ton assassin, non... et vous, retournez vers ceux qui vous ont envoyés : dites-leur que Melcour préfère un prétendu déshonneur à un crime... au plus affreux des crimes.... Son sort est décidé par cette réponse. Ses camarades viennent lui annoncer, avec tous les témoignages d'un sincère regret, qu'il ne peut plus être membre du corps, puisqu'il a refusé de se battre..

Qu'on se peigne Florainville, écoutant cet arrêt. C'est lui qui a plongé Melcour dans cet abîme de maux. Le déshonneur de son cousin est l'ouvrage de ses dérèglements. Tout ne fait qu'augmenter son désespoir : on en craignait les suites ; on l'arrache malgré lui à cette scène de douleur.

Melcour, resté seul, ne balance pas longtemps sur le parti qu'il doit prendre, il ne retournera pas dans sa province pour essuyer des mépris qu'il n'a pas mérités. En attendant que sa malheureuse aventure y soit oubliée, ou présentée sous son véritable point de vue, il va chercher à perfectionner, par des voyages, les connaissances qu'il possède. Dans la nuit même, il fait tout préparer pour son départ, et écrit une lettre à son cousin, dans laquelle il indique les moyens de lui faire passer ses revenus, dont son âge lui permet de disposer. Il instruit Florainville de ses projets de voyages.

— Quant à vous, ajoute-t-il, apprenez notre sort à mon oncle ; qu'il sache qu'on a voulu me forcer à vous égorger, qu'il en frémisse ! et si ces barbares, dont un faux honneur est le seul guide, me croient indigne de servir ma patrie, qu'au moins votre père applaudisse aux efforts courageux que j'ai faits pour nous épargner un crime... Quelle leçon !... vous en profiterez, ô mon cher Florainville ! Déjà votre aveuglement a cessé... aimez-moi, aimez-moi toujours ! et si vous m'avez rendu votre cœur, gardez-vous de me croire malheureux.

Dès la pointe du jour, il part, accompagné d'un seul domestique. Il avait fait trois ou quatre lieues ; il aperçoit à quelque distance du chemin un parti ennemi sur le point de mettre en déroute un corps moins considérable des nôtres. Il ne peut voir des Français prêts à être vaincus, sans brûler de les secourir : la grandeur du danger disparait à ses yeux ; et, n'écoutant que la gloire, ce même Melcour, de la valeur duquel ses camarades ont osé douter, vole sur le champ de bataille, fait des prodiges, enlève un drapeau aux ennemis, et les Français sont vainqueurs.

L'officier général qui commandait ce détachement, enchanté de la bravoure du jeune inconnu, le prie avec instance de lui dire son nom.

— Je me ferai connaître dans un instant, Monsieur, lui répondit-il ; mais, permettez que je vous demande quelle est votre destination actuelle.

— Je vais prendre le commandement de la garnison voisine (c'était celle d'où Melcour venait de sortir.)

— Eh bien ! j'aurai l'honneur de vous accompagner,

et c'est là que je veux recevoir les éloges que votre bonté daigne me prodiguer.

Ils arrivent :

— Monsieur, lui dit Melcour, la seule grâce que je vous demande, c'est de convoquer chez vous les officiers du régiment de *** (celui qu'il a quitté). Ils se rassemblent. Melcour paraît.

— Reconnaissez, Messieurs, leur dit-il, la victime infortunée d'un faux honneur qui vous rend injustes et cruels, et auquel cependant vous sacrifiez presque tous. Parce que j'ai refusé de tremper mes mains dans le sang d'un parent dont je suis l'aîné, et qui effaça la faute la plus légère par les larmes du plus sincère repentir ; parce que j'ai écouté la voix de l'humanité et de la religion, parce que j'ai respecté les lois de l'Etat, vous m'avez jugé indigne de porter les armes pour ma patrie. Les préjugés vous ont aveuglés : vous n'avez pas craint de m'accuser de lâcheté ; je me suis vengé de cette accusation injurieuse, et ce drapeau que j'ai enlevé aux ennemis de mon roi, rend un témoignage assez glorieux de ma valeur.

Tous ses camarades l'entourent, l'embrassent, et réparent, par les éloges qu'ils lui prodiguent, et par les excuses qu'ils lui font, le soupçon odieux qu'ils avaient osé former contre lui.

Le général, étonné, attendri de la grandeur d'âme que vient de déployer Melcour, le presse de reprendre son rang, en attendant qu'il puisse rendre compte au ministre d'une aussi belle action. Melcour cède à ses instances, unies à celles des officiers de son corps.

— Acceptez, lui dit l'officier général, l'emploi dont on voulait vous priver hier, comme un aveu tacite de l'injustice du préjugé qui vous condamnait ; et puisse votre exemple, Monsieur, le déraciner entièrement ! Puis, se tournant vers les officiers qui l'entouraient :

— Ce vertueux jeune homme vous apprend à ne pas

accuser de lâcheté celui qui, fidèle aux lois du véritable honneur et de la patrie, refuse d'être un vil meurtrier. Revenez, Messieurs, de la funeste erreur qui vous fait voir l'homme vraiment courageux dans celui qui ne craint pas d'égorger son semblable pour laver une injure. Reconnaissez-le plutôt dans celui dont l'âme est assez grande pour renoncer au plaisir de la vengeance, remettez désormais à un jour de bataille à vider vos querelles particulières. Que vos triomphes sur les ennemis de l'Etat soient le supplice de celui qui vous aura offensé; ou si l'insulte que vous avez reçue l'exige, que les lois impriment à votre adversaire une tache ineffaçable; livrez-le à l'opprobre public : mais que tous vos éloges soient réservés à Melcour, et à ceux qui auront la magnanimité de suivre l'exemple qu'il nous a donné en ce jour.

Pendant toute cette scène, qu'on se peigne les transports de Florainville; qu'on se le représente tenant son cousin étroitement serré contre sa poitrine, l'arrosant des larmes délicieuses de la joie. C'est dans cet heureux moment qu'il abjure ses fatales erreurs; et, fidèle cette fois aux promesses qu'il a faites, il n'est pas besoin de dire qu'il mérita, ainsi que son vertueux ami, d'être élevé aux premiers grades du service militaire.

LE TEMPS PERDU ET REGAGNÉ.

Les parents de Lucien étaient engagés dans des affaires de commerce si considérables, qu'il leur fut impossible de s'occuper eux-mêmes de son éducation. Ils avaient entendu parler d'une école célèbre, d'où il était sorti un grand nombre de jeunes gens distingués par les connaissances qu'ils y avaient acquises, et par les principes d'honneur qu'on leur y avait inspirés. Quoiqu'elle fût éloignée d'environ cent lieues de sa demeure, le père de Lucien y envoya son fils, en le recommandant avec les plus vives instances au directeur. Celui-ci, qui regardait chacun de ses élèves comme son propre enfant, n'épargna rien pour le corriger de ses défauts, l'exciter au travail, et faire naître en son âme des sentiments élevés. Les personnes qu'il avait associées à ses travaux cherchèrent aussi, de tout leur pouvoir, à le seconder dans ses louables dispositions.

Des soins si tendres n'eurent pas le succès qu'on en devait espérer. Lucien était d'un caractère inquiet et volage, qui lui faisait oublier dans l'instant même les sages conseils qu'on lui donnait. Pendant les heures destinées à l'étude, il laissait tellement égarer ses pensées, qu'il ne lui restait aucune attention pour les leçons de ses maîtres. Tous ses devoirs étaient sacrifiés aux plus frivoles amusements. Il apportait la même négligence dans le soin de sa personne et de ses livres. Ses vêtements étaient toujours en désordre, et, malgré l'agrément de sa figure, on ne pouvait l'approcher qu'avec un mouvement de dégoût.

Il est aisé de sentir combien cette légèreté fut nuisible à son avancement. Tous ses camarades le laissaient loin derrière eux dans leurs progrès. Il n'y avait pas même jusqu'aux plus petits, reçus longtemps après lui dans l'école, qui ne l'eussent bientôt surpassé et qui ne le regardassent avec mépris. Lorsqu'il venait quelques étrangers de distinction, on avait grand soin de l'écarter de leurs yeux, de peur qu'il ne fît tort à ses camarades par son air sauvage et sa malpropreté. Jamais il n'avait paru dans les exercices que l'on fait ordinairement en public à la fin de l'année. Son ignorance eût suffi pour décréditer une pension.

Toutes ces disgrâces humiliantes ne faisaient aucune impression sur lui. C'était toujours la même inconséquence, la même dissipation et le même désordre.

Ses précepteurs ne le voyaient qu'avec une tristesse secrète, et leur zèle pour son avancement se refroidissait de jour en jour. Ils se disaient souvent l'un à l'autre :

— Le pauvre Lucien ! combien il se rend malheureux ! Que vont dire ses parents, en le voyant revenir dans la maison paternelle avec si peu de connaissances et tant de défauts !

Deux années entières s'étaient ainsi écoulées sans le moindre fruit pour son éducation, lorsqu'il reçut un paquet fermé d'un cachet noir. Il l'ouvrit, et y lut la lettre suivante :

« Mon cher fils,

» Tu n'as plus de père. Le ciel vient de le ravir à
» notre amour. J'ai perdu, dans mon époux, mon pro-
» tecteur et mon ami. Il n'est plus maintenant que
» toi sur la terre qui puisse apporter quelque soula-
» gement à ma douleur, par des sentiment dignes de
» ma tendresse. Mais si tu trompais mon attente, s'il
» fallait renoncer à la douce espérance de voir revi-
» vre un jour dans ton cœur les vertus de celui que
» j'ai perdu, je n'aurais plus qu'à mourir de mon
» désespoir. Je t'envoie le portrait de ton père, et je
» te conjure de le suspendre au chevet de ton lit.
» Regarde-le souvent, pour t'exciter à devenir aussi
» honnête homme que lui. Je te laisserai passer le
» reste de cette année dans ta pension, afin que tu
» achèves de t'instruire et de te former. Songe que
» tu tiens en tes mains le destin de ma vie, et que ta
» tendre mère ne peut plus avoir un moment de bon-
» heur que par toi. »

La dissipation de Lucien n'avait pas étouffé en lui

les sentiments de la nature. Cette lettre les réveilla tous à la fois dans le fond de son âme. Il fondit en larmes, se tordit les mains, et s'écria d'une voix entrecoupée de mille sanglots :

— Ah! mon père, mon père, tu m'es donc ravi pour toujours!

Il prit le portrait, le porta sur son cœur et sur sa bouche, et lui adressa ces paroles :

— O cher auteur de ma vie, tu as fait tant de dépenses pour mon instruction, et je n'en ai pas profité! Tu étais un si brave homme, et moi... Non, je ne suis pas digne de me nommer ton fils.

Il passa toute la journée à pousser ces plaintes amères. Le soir il se mit au lit; mais il eut beau se tourner d'un côté et de l'autre, le sommeil ne vint point fermer ses yeux. Il lui semblait voir l'image de son père, qui lui disait d'une voix terrible : Indigne enfant, j'ai sacrifié mon repos et ma vie pour te rendre heureux, et tu déshonores mon nom par ta conduite!

Il pensait ensuite à sa mère, et à la tristesse qu'il allait lui causer, au lieu de la consolation qu'elle s'attendait à recevoir de son retour. Lorsque je paraîtrai devant ses yeux, et que je n'aurai que de tristes témoignages à lui présenter de mes instituteurs! lorsqu'elle voudra se faire honneur dans le monde de l'éducation qu'elle m'a donnée, et que je la forcerai de rougir! lorsqu'elle voudra m'aimer, et que je ne mériterai que sa haine! O ciel! ma pauvre mère, je serai peut-être la cause de sa mort! Ah! si j'avais mieux profité des instructions qu'on m'a prodiguées! si je pouvais reprendre le temps précieux qui m'est échappé!

C'est ainsi qu'il se tourmentait ; c'est ainsi que toute la nuit il baigna son lit de ses larmes.

Aussitôt que le jour eut commencé à paraître, il se

leva précipitamment, courut à la chambre du directeur, se jeta à ses pieds, et lui dit :

— Oh ! Monsieur, vous voyez le plus malheureux enfant qui soit au monde. Je ne vous ai pas écouté; je n'ai rien appris de ce que je devrais savoir. Prenez pitié de moi. Je ne veux pas faire mourir ma mère de douleur.

Le directeur fut vivement attendri par ces paroles touchantes. Il releva Lucien et l'embrassa

— Mon cher ami, lui dit-il, puisque vous sentez votre faute, vous pouvez encore la réparer. Vous éprouvez combien il est cruel d'avoir des reproches à se faire. Avant d'en être si bien persuadé, vous n'étiez que blâmable; vous seriez désormais criminel. Deux années entières ont été perdues pour vous, et il ne vous reste que six mois pour les regagner. Jugez combien d'efforts vous aurez à faire. Il ne faut pas cependant vous décourager : il n'est rien dont on ne puisse venir à bout avec de la constance. Commencez dès ce moment. Venez me trouver chaque jour; il ne tiendra pas à mon zèle que vous ne soyez bientôt aussi content de vous-même, que vous avez sujet d'en être mécontent aujourd'hui.

Lucien ne put le remercier qu'en lui baisant les mains, et en sautant à son cou.

Il courut de ce pas s'enfermer dans sa chambre pour répéter sa leçon. Il en fut de même les jours suivants. Ses maîtres, étonnés d'une application si soutenue, se mirent, dès ce moment, à cultiver avec plus de soin ses dispositions naturelles. Ses camarades, auxquels il avait inspiré tant de mépris, furent bientôt obligés de concevoir pour lui de l'estime. Encouragé par tous ces succès, Lucien redoublait chaque jour de vigilance et d'ardeur. Ce n'était plus cet enfant qui abandonnait ses devoirs pour se livrer à de folles dissipations; il fallait maintenant l'arracher à l'étude, pour lui faire goûter quelque délassement.

L'ordre et la propreté succédèrent à la négligence. Il lui survenait bien quelquefois des retours vers ses premiers défauts ; mais il n'avait besoin que de jeter un coup d'œil sur le portrait de son père, pour reprendre toute la fermeté de ses résolutions.

Les six mois que sa mère lui avait accordés pour perfectionner ses études, s'avançaient vers leur terme ; et il les voyait s'écouler avec une extrême rapidité, parce qu'il savait en remplir tous les instants.

Enfin le moment de partir arriva. Le changement qui s'était opéré dans son caractère lui avait attaché si tendrement ses amis, que l'idée d'une cruelle séparation fit naître dans tous les cœurs les regrets les plus sensibles. Ses maîtres avaient de la peine à voir s'éloigner un sujet qui commençait à faire tant d'honneur à leurs soins ; et il n'en avait pas moins à s'éloigner de ses maîtres, dont les sages conseils avaient si bien soutenu ses dispositions. Le directeur, en particulier, qui se félicitait de ses progrès comme de son propre ouvrage, ne pouvait se consoler de son départ ; et ce sentiment se répandit avec abondance dans la lettre qu'il écrivit à la mère de Lucien, pour lui rendre le compte le plus avantageux de la conduite de son fils.

Pendant tout le voyage, Lucien ressentit les émotions les plus vives. Son cœur agité s'élançait vers la maison paternelle. Il ne craignait plus tant de se présenter aux yeux de sa mère, parce qu'il pouvait se rendre témoignage que depuis six mois il n'avait rien négligé pour son instruction. Cependant il se disait toujours : Insensé que je suis ! ne pouvais-je pas faire la même chose il y a deux ans ? Je serais aujourd'hui bien plus avancé. Combien de choses que j'ignore n'aurais-je pas apprises dans cet intervalle ! Ah ! je me serais épargné bien des chagrins et des regrets !

Sa mère était allée à sa rencontre. Quelle joie pour elle de le revoir! Les lettres du directeur l'avaient instruite de son heureuse réforme. Celle qu'il lui apportait était encore plus flatteuse. Une mère ne demande qu'à se composer de nouvelles raisons d'aimer davantage son fils. Elle les trouvait dans l'idée qu'il n'avait entrepris de se corriger que par un sentiment de tendresse pour elle, et le plus doux avenir se dévoilait à ses regards maternels.

Lucien ne démentit point cette espérance. Après avoir employé les premiers jours à visiter ses parents et ses amis, il se remit au travail avec une nouvelle ardeur. L'habitude de s'occuper ayant développé son esprit, il eut bientôt acquis les connaissances dont il avait besoin pour se mettre à la tête des affaires de sa maison. Elles avaient un peu décliné depuis la mort de son père. Leur poids était au-dessus des forces d'une tendre veuve déjà trop accablée de sa douleur. Son activité, son exactitude et son intelligence les eurent bientôt rétablies. Un riche établissement qu'il forma, et l'ordre avec lequel il sut le conduire, le mirent en état de travailler lui-même à l'éducation de ses enfants nombreux. Il s'attacha surtout à leur faire bien sentir le prix inestimable du temps, pour leur épargner, par son expérience, le regret de l'avoir mal employé.

LE FERMIER.

Monsieur Dublanc s'était un jour renfermé dans son cabinet pour expédier quelques affaires. Un domestique vint lui annoncer que Mathurin, son fermier, était à la porte de la rue, et demandait à lui parler. M. Dublanc ordonna qu'on le fît monter dans son antichambre, et qu'on le priât d'attendre un moment, jusqu'à ce que ses lettres fussent achevées.

Roger, Alexandre et Sophie (ainsi se nommaient les enfants de M. Dublanc) étaient dans l'antichambre de leur père lorsqu'on y introduisit Mathurin. Il leur fit, en entrant, une inclination respectueuse ; mais il était aisé de voir qu'il ne l'avait pas apprise d'un maître à danser. Son compliment ne fut pas d'une tournure plus élégante. Les deux petits garçons se regardèrent l'un l'autre, et sourirent d'un air moqueur. Ils mesuraient l'honnête fermier des pieds à la tête d'un coup d'œil méprisant, se chuchotaient à l'oreille, et faisaient des éclats de rire si outrés, que le pauvre homme rougit, et ne savait plus quelle contenance il devait prendre. Roger poussa même la malhonnêteté au point de tourner autour de lui, et de dire à son frère, en se bouchant les narines :

— Alexandre, ne sens-tu pas ici une odeur de fumier ? Il alla chercher un réchaud plein de charbons ardents, sur lesquels il fit brûler du papier, et qu'il promena dans la chambre, pour dissiper, disait-il, la mauvaise odeur. Il appela ensuite un domestique, et lui dit de balayer les ordures que Mathurin avait répandues sur le parquet avec ses souliers ferrés. Alexandre se tenait les côtés de rire des impertinences de son frère.

Il n'en était pas ainsi de Sophie, leur sœur. Au lieu d'imiter la grossièreté de ses frères, elle leur en fit des reproches, chercha à les excuser auprès du fermier ; et, s'approchant de lui d'un air plein de bonté, elle lui offrit du vin pour se rafraîchir, le fit asseoir, et prit elle-même son chapeau et son bâton, qu'elle alla porter sur une table.

Sur ces entrefaites, M. Dublanc sortit de son cabinet ; il s'avança d'un air amical vers Mathurin, lui tendit la main, lui demanda des nouvelles de sa femme et de ses enfants, et quelles affaires l'amenaient à la ville.

— Monsieur, je vous apporte mon quartier, lui répondit Mathurin ; et il tira en même temps de sa poche un sac de cuir plein d'argent. Ne soyez pas fâché, continua-t-il, de ce que j'ai tardé quelques jours à venir. Les chemins étaient si rompus, qu'il ne m'a pas été possible de voiturer plus tôt mon grain au marché.

— Je ne suis point fâché contre vous, répliqua M. Dublanc : je sais que vous êtes un honnête homme, et qu'on n'a pas besoin de vous faire souvenir de vos engagements. En même temps il fit avancer une table pour que le fermier comptât ses espèces

Roger ouvrait de grands yeux à la vue des écus de Mathurin ; et il parut le regarder avec plus de considération.

Lorsque M. Dublanc eut vérifié les comptes du fermier, et loué leur justesse, celui-ci tira de son panier une boîte de fruits séchés au four :

— Voici ce que j'ai apporté pour vos enfants, dit-il. Ne voudriez-vous pas, Monsieur, leur faire prendre, quelqu'un de ces jours, l'air de la campagne ? Je tâcherais de les régaler de mon mieux, et de leur donner de l'amusement. J'ai de bons chevaux : je viendrais les prendre moi-même, et je les ramènerais dans ma carriole. M. Dublanc lui promit de l'aller voir, et voulut l'engager à dîner avec lui. Mathurin le remercia de sa gracieuse invitation, et s'excusa de ne pouvoir y répondre sur ce qu'il avait quelques emplettes à faire dans la ville, et beaucoup d'empressement à regagner sa ferme.

M. Dublanc lui fit remplir son panier de gâteaux pour ses enfants, le remercia du cadeau qu'il avait fait aux siens, et après lui avoir souhaité des forces pour ses rudes travaux, et de la santé pour sa famille, il le reconduisit jusque sur l'escalier, et le laissa partir.

A peine fut-il descendu, que Sophie, en présence de ses frères, instruisit son père de la réception grossière qu'ils avaient faite à l'honnête Mathurin.

M. Dublanc marqua son mécontentement à Roger et à Alexandre, et loua en même temps Sophie de sa conduite.

— Je vois, dit-il en la baisant au front, que ma Sophie sait comment on doit se comporter envers d'honnêtes gens. Comme c'était l'heure du déjeuner, il se fit apporter les fruits secs du fermier, et en mangea une partie avec sa fille. Ils les trouvèrent l'un et l'autre excellents. Roger et Alexandre assistèrent au déjeuner, mais ils ne furent point invités à goûter des fruits. Ils les dévoraient des yeux. M. Dublanc ne fit pas semblant de s'en apercevoir. Il reprit l'éloge de Sophie, et l'exhorta à ne jamais mépriser personne pour la simplicité de ses habits. Car, disait-il, si nous n'en agissons poliment qu'avec ceux qui sont d'une parure brillante, nous avons l'air d'adresser nos civilités à l'habit même plutôt qu'à la personne qui le porte. Les gens les plus grossièrement vêtus sont quelquefois les plus honnêtes; nous en avons un exemple dans Mathurin. Non-seulement il trouve dans son travail le moyen de se nourrir, lui, sa femme et ses enfants, mais encore, depuis quatre ans qu'il est mon fermier, il paie si exactement ses termes, que je n'ai jamais eu le moindre reproche à lui faire à ce sujet. Oui, ma chère Sophie, si cet homme-là n'était pas si honnête, je ne pourrais fournir à la dépense de ton entretien et de celui de tes frères. C'est lui qui vous habille, et qui vous procure une bonne éducation ; car c'est pour vos vêtements et pour les leçons de vos maîtres que je réserve la somme qu'il me paie à chaque quartier.

Lorsque le déjeuner fut fini, il ordonna qu'on en

serrât les restes dans le buffet. Roger et Alexandre les suivirent d'un œil affamé, et ils comprirent bien que ce n'était pas pour eux qu'on les gardait. Leur père acheva de les confirmer dans cette idée.

— Ne vous attendez pas, leur dit-il, à goûter aujourd'hui ni un autre jour de ces fruits. Lorsque le fermier qui vous les apportait aura lieu d'être content de vous, il n'oubliera pas de vous en envoyer.

ROGER. Mais, mon papa, est-ce ma faute s'il sentait si mauvais.

M. DUBLANC. Que sentait-il donc ?

ROGER. Une odeur insupportable de fumier.

M. DUBLANC. D'où peut-il avoir contracté cette odeur ?

ROGER. C'est qu'il est tous les jours à en voiturer dans les champs.

M. DUBLANC. Que devrait-il faire pour s'en garantir ?

ROGER. Il faudrait... il faudrait...

M. DUBLANC. Il faudrait peut-être qu'il ne fumât point ses terres ?

ROGER. Il n'y a que ce moyen.

M. DUBLANC. Mais s'il n'engraissait pas ses champs, comment pourrait-il y recueillir une abondante moisson ? Et s'il n'en faisait que de mauvaises, comment viendrait-il à bout de me payer le prix de sa ferme ? Roger voulait répliquer; mais son père lui lança un regard où Alexandre et lui lurent aisément son indignation.

Le dimanche suivant, de grand matin, le bon Mathurin était à la porte de M. Dublanc. Il lui fit demander s'il ne serait pas bien aise de venir faire un tour à sa ferme. M. Dublanc, sensible à cette attention, ne voulut pas le mortifier par un refus. Roger et Alexandre prièrent instamment leur père de les mettre de la partie; et ils promirent de se conduire plus honnêtement. M. Dublanc se rendit à leurs instances. Ils montèrent d'un air joyeux dans la carriole, et comme le fermier avait d'excellents chevaux, et qu'il savait bien les conduire, ils furent arrivés chez lui avant de s'en douter.

Qui pourrait peindre leur joie, lorsque la voiture s'arrêta! Claudine, femme de Mathurin, se présenta, d'un air riant, à la portière, l'ouvrit en saluant ses hôtes, prit les enfants dans ses bras pour les poser à terre, les embrassa, et les conduisit dans la cour. Tous ses propres enfants y étaient en habit de grandes fêtes.

— Soyez les bien-venus, dirent-ils aux jeunes messieurs, en les saluant avec respect. M. Dublanc aurait bien voulu causer un moment avec eux, et les caresser; mais la fermière le pressa d'entrer, de peur de laisser refroidir le café.

Il était déjà servi sur une table couverte d'un linge éblouissant de blancheur. La cafetière n'était ni d'argent ni de porcelaine; elle était, ainsi que les tasses, d'une faïence grossière, mais fort propre. Roger et Alexandre se regardèrent en-dessous; et ils auraient éclaté de rire, s'ils n'avaient craint de fâcher leur père. Claudine avait cependant remarqué à leur mine sournoise ce qu'ils pensaient. Elle s'excusa, et leur dit qu'ils auraient sans doute été mieux servis chez eux; mais qu'il fallait se contenter de ce qui était offert de bon cœur chez de pauvres gens.

Avec le café on servit des galettes d'un goût si exquis, qu'on vit bien que la fermière avait mis tout son art à les pétrir et à les cuire. Après le déjeuner, Mathurin engagea M. Dublanc à donner un coup d'œil à son verger et à ses terres. M. Dublanc y consentit. Claudine se donna toutes les peines possibles pour rendre cette promenade agréable aux enfants. Elle leur montra tous ses troupeaux qui couvraient les prairies, et leur donna à caresser les plus jolis agneaux. Elle les conduisit ensuite à son colombier.

Tout y était propre et vivant. Il y avait sur le sol deux jeunes colombes qui venaient de quitter leur nid, mais qui n'osaient pas encore se confier à leurs ailes naissantes. On voyait des mères qui couvaient leurs œufs dans des paniers, d'autres qui s'occupaient à donner la nourriture aux petits qui venaient d'éclore. Ils allèrent du colombier aux ruches. Claudine eut soin qu'ils n'en approchassent pas de trop près. Elle les mit cependant à portée de pouvoir remarquer le travail des abeilles.

Comme la plupart de ces objets étaient nouveaux pour les enfants, ils en parurent très satisfaits. Ils allaient même les passer une seconde fois en revue, si Thomas, le plus jeune des fils de Mathurin, ne fût venu les avertir que le dîner les attendait. Ils furent servis en vaisselle de terre et en couverts d'étain et d'acier. Roger et Alexandre étaient encore si pleins du plaisir de leur matinée, qu'ils eurent honte de se livrer à leur humeur railleuse. Ils trouvèrent tout d'un goût exquis. Il est vrai que Claudine s'était surpassée pour les bien traiter.

Au dessert, M. Dublanc aperçut deux violons suspendus à la muraille.

— Qui joue ici de ces instruments? demanda-t-il.

— Mon fils aîné et moi, répondit le fermier; et, sans en dire davantage, il fit signe à Lubin de décrocher les violons. Ils jouèrent tour à tour des airs champêtres si tendres et si gais, que M. Dublanc leur en exprima sa satisfaction de la manière la plus flatteuse.

Comme ils allaient remettre les instruments à leur place :

— Or ça, Roger, et toi, Alexandre, leur dit M. Dublanc, c'est à présent votre tour. Jouez-nous quelques-uns de vos plus jolis airs. En disant ces mots, il leur mit les violons entre les mains ; mais ils ne savaient pas même comment tenir leur archet; et il s'éleva une risée générale à leur confusion.

M. Dublanc pria le fermier de mettre les chevaux pour les ramener à la ville. Mathurin lui fit les plus vives instances pour l'engager à passer la nuit chez lui; mais enfin il fut obligé de se rendre aux représentations de M. Dublanc.

— Eh bien! Roger, dit M. Dublanc à son fils, en s'en retournant, comment te trouves-tu de ton petit voyage?

ROGER. Fort bien, mon papa. Ces bonnes gens ont fait de leur mieux pour nous procurer bien du plaisir.

M. DUBLANC. Je suis enchanté de te voir satisfait. Mais si Mathurin ne s'était pas empressé de te faire les honneurs de sa maison, s'il ne t'avait pas présenté le moindre rafraîchissement, aurais-tu été aussi content que tu le parais?

ROGER. Non, certes.

M. DUBLANC. Qu'aurais-tu pensé de lui?

ROGER. Que c'eût été un paysan grossier.

M. DUBLANC. Roger! Roger! cet honnête homme est venu chez nous, et loin de lui offrir aucun rafraîchissement, tu t'es moqué de lui. Qui sait donc le mieux vivre, de toi ou du fermier?

ROGER, *en rougissant*. Mais c'est son devoir de nous bien accueillir. Il tire du profit de nos terres.

M. DUBLANC. Qu'appelles-tu du profit?

ROGER. C'est qu'il trouve son compte à recueillir les moissons de nos champs et le foin de nos prairies.

M. DUBLANC. Tu as raison. Un laboureur a besoin de tout cela. Mais que fait-il du grain?

ROGER. Il s'en nourrit, lui, sa femme et ses enfants.

M. DUBLANC. Et du foin?

ROGER. Il le donne à manger à ses chevaux.

m. DUBLANC. Et que fait-il de ses chevaux?

ROGER. Il les emploie à labourer les terres.

M. DUBLANC. Ainsi, tu vois qu'une partie de ce qu'il tire de la terre y retourne. Mais crois-tu qu'il consomme tout le reste avec sa famille et ses chevaux?

ROGER. Les vaches en prennent aussi leur part.

ALEXANDRE. Et ses moutons aussi, ses pigeons et ses poules.

M. DUBLANC. Cela est vrai. Mais ses récoltes entières se consomment-elles dans sa maison?

ROGER. Non. Je me souviens de lui avoir entendu dire qu'il en portait une partie au marché, pour en avoir de l'argent.

M. DUBLANC. Et cet argent, qu'en fait-il?

ROGER. J'ai vu la semaine dernière qu'il vous en apportait son sac de cuir tout plein.

M. DUBLANC. Tu vois maintenant qui tire le plus grand profit de mes terres, du fermier ou de moi. Il est vrai qu'il nourrit ses chevaux du foin de mes prairies; mais aussi ses chevaux servent à labourer les champs, qui, sans ces labours, seraient épuisés par les mauvaises herbes. Il nourrit aussi de mon foin ses moutons et ses vaches; mais le fumier qu'il en retire est porté dans les guérets, et sert à les rendre fertiles. Sa femme et ses enfants se nourrissent du grain de mes moissons; mais aussi ils passent tout l'été à sarcler les blés, ensuite à les scier, et puis à les battre, et ces travaux tournent encore à mon profit. Le superflu de ses récoltes, il le porte au marché pour le vendre; mais c'est pour me donner l'argent qu'il en reçoit. Supposé qu'il en reste quelque partie pour lui, n'est-il pas juste qu'il trouve une récompense de ses travaux? Encore un coup, dis-moi qui de nous deux tire le plus grand profit de mes terres?

ROGER. Je vois bien à présent que c'est vous.

M. DUBLANC. Et sans ce fermier, aurais-je ce profit ?

ROGER. Oh ! il y a tant de fermiers dans le monde !

M. DUBLANC. Tu as raison ; mais il n'y en a point de plus honnête que celui-ci. J'avais autrefois affermé cette métairie à un autre. Il épuisait les terres, abattait les arbres, et laissait dépérir les bâtiments. Lorsque le terme des quartiers arrivait, il n'avait jamais d'argent à me donner ; et quand je voulus m'en plaindre, il me fit voir que dans tout ce qu'il possédait il n'avait pas assez de quoi s'acquitter envers moi.

ROGER. Ah ! le coquin.

M. DUBLANC. Si celui-ci l'était de même, aurais-je un grand profit de mes biens ?

ROGER. Vraiment non.

M. DUBLANC. A qui ai-je donc obligation de ce que j'en retire ?

ROGER. Je vois que vous le devez à cet honnête fermier.

M. DUBLANC. N'est-il donc pas de notre devoir de bien accueillir un homme qui nous rend de si grands services ?

ROGER. Ah ! mon papa, vous me faites bien sentir le tort que j'ai eu.

Pendant quelques minutes, il régna entre eux un profond silence. M. Dublanc reprit ainsi l'entretien :

— Roger, pourquoi n'as-tu pas joué du violon ?

ROGER. Vous savez, mon papa, que je n'ai jamais appris.

M. DUBLANC. Le fils de Mathurin sait donc quelque chose que tu ne sais pas ?

ROGER. Cela est vrai, mais aussi **entend-il** comme moi le latin ?

M. DUBLANC. Et toi, sais-tu labourer ? sais-tu conduire un attelage ? sais-tu comment on sème le froment, l'orge, l'avoine, et tous les autres grains ? comment on les cultive? Saurais-tu seulement tailler un pied de vigne, et gouverner un arbre pour avoir de beaux fruits?

ROGER. Je n'ai pas besoin de savoir tout cela, je ne suis pas fermier.

M. DUBLANC. Mais si tous les habitants de la terre ne savaient autre chose que du latin, comment irait le monde?

ROGER. Fort mal. Où trouverions-nous du pain et des légumes?

M. DUBLANC. Et le monde pourrait-il se soutenir, quand bien même personne ne saurait du latin?

ROGER. Je pense qu'oui.

M. DUBLANC. Souviens-toi donc toute ta vie de ce que tu viens de voir et d'entendre. Ce fermier si grossièrement vêtu, qui t'a fait un salut et un compliment si mal tournés, cet homme-là est plus poli que toi, sait beaucoup plus de choses, et des choses bien plus utiles. Ainsi, tu vois combien il est injuste de mépriser quelqu'un pour la simplicité de ses habits, ou le peu de grâces de ses manières.

LE DÉSORDRE ET LA MALPROPRETÉ.

Urbain passait, à juste titre, pour un excellent petit garçon. Il était doux et officieux pour ses amis, obéissant envers ses maîtres et ses parents.

Il n'avait qu'un défaut. C'était de ne prendre aucun soin de ses livres et de ses petits effets, d'être fort négligé dans sa parure, et très sale sur ses habits.

On l'avait souvent repris de sa négligence. Ces reproches l'affligeaient pour lui-même, et parce qu'il voyait ses amis les lui faire avec regret. Il avait mille fois résolu de se corriger; mais l'habitude était devenue si forte, que c'était toujours le même désordre et la même malpropreté.

Il y avait longtemps que son papa lui avait promis, ainsi qu'à ses frères, de leur donner le plaisir d'une promenade sur l'eau.

Le temps se trouva un jour très serein. Le vent était doux, la rivière tranquille. M. de Saint-André résolut d'en profiter. Il fit appeler ses enfants, leur annonça son projet; et, comme sa maison donnait sur le port, il prit la peine d'y aller lui-même choisir une petite chaloupe, la plus jolie qu'il put trouver.

Comme toute la jeune famille se réjouit! Avec quel empressement chacun se hâta de faire ses préparatifs pour une partie de plaisir si longtemps attendue!

Ils étaient déjà prêts, lorsque M. de Saint-André revint pour les prendre. Ils sautaient de joie autour de lui. De son côté, il était ravi de leur joie. Mais quelle fut sa surprise, en jetant les yeux sur Urbain, de voir l'état pitoyable de son accoutrement!

L'un de ses bas était descendu sur le talon; l'autre se roulait à longs plis autour de sa jambe, qui ne représentait pas mal une colonne torse. Sa culotte avait deux grands yeux ouverts à l'endroit du genou. Sa veste était toute marquetée de taches de graisse et d'encre, et il manquait à son surtout la moitié du collet.

M. de Saint-André vit avec peine qu'il ne pouvait se charger d'Urbain dans un pareil état. Tout le monde aurait eu raison de croire que le père d'un enfant si désordonné devait être aussi désordonné lui-même, puisqu'il souffrait ce défaut dégoûtant dans son fils. Et comme il avait des qualités plus heureuses pour se faire distinguer par ses concitoyens, il n'était pas excessivement jaloux de cette nouvelle renommée.

Urbain avait bien un autre habit; malheureusement il se trouvait alors chez le tailleur; et ce n'était pas pour peu de chose. Il ne s'agissait de rien moins que d'y recoudre un pan qui s'était détaché. Le dégraisseur devait ensuite en avoir pour deux ou trois jours de besogne à le remettre à neuf.

Qu'arriva-t-il, mes amis ? Vous le devinez sans peine.

Ses frères, qui avaient des habits propres, et dont tout l'équipage faisait honneur à leur papa, montèrent avec lui dans la chaloupe. Elle était peinte en bleu, relevée par des bordures d'un rouge éclatant. Les rames et les banderolles étaient bariolées de ces deux couleurs. Les matelots portaient des vestes d'une blancheur éblouissante, avec de larges ceintures vertes autour de leur corps, de gros bouquets de fleurs à leur côté, de grands panaches de plumes à leurs chapeaux. Il y avait dans le fond, près du gouvernail, trois hommes avec un hautbois, un fifre et un tambour, qui commencèrent à jouer sur les instruments une marche guerrière, aussitôt que la chaloupe s'éloigna du bord. Le peuple, assemblé sur le rivage, y répondait par de joyeuses clameurs.

Urbain, qui s'était fait une si grande fête de cette promenade, fut obligé de rester à la maison. Il est vrai qu'il eut le plaisir de voir de sa fenêtre cet embarquement, de suivre de l'œil la chaloupe, dont un vent léger enflait les voiles, et qui paraissait voler sur la surface des eaux, et que ses frères, à leur retour, voulurent bien lui raconter tous les amusements de leur journée, dont le seul récit les faisait tressaillir de joie.

Un autre jour, comme il s'amusait dans une prairie à cueillir des fleurs avec un de ses amis, pour en faire un bouquet à sa maman, il perdit une de ses boucles.

Au lieu de s'occuper à la chercher, il pria son camarade, qui restait aussi pour arranger le bouquet, de lui prêter une des siennes, parce qu'en marchant sur les oreilles pendantes de son soulier, il avait déjà trébuché deux ou trois fois.

Son ami lui prêta volontiers sa boucle. Urbain, pressé de courir, l'attacha si négligemment, qu'au bout d'un quart d'heure elle était déjà hors de son pied.

Ils se trouvèrent fort embarrassés quand il fut question de rentrer au logis. La nuit était venue; et l'herbe était si haute, qu'un agneau se serait caché sous son épaisseur. Le moyen d'y retrouver, dans l'obscurité, quelque chose d'aussi petit? Ils s'en retournèrent clopin-clopant, s'appuyant l'un sur l'autre, et tous les deux fort tristes; Urbain surtout, qui, doué d'un caractère très sensible, avait à se reprocher d'exposer son ami à la colère de ses parents.

Le lendemain, il se présenta devant toute sa famille assemblée, avec une seule boucle pour ses deux souliers. Triste coup d'œil pour un père, qui voyait par-là combien ses leçons avaient été vainement prodiguées.

M. de Saint-André payait tous les dimanches une petite pension à ses enfants, pour leur donner le moyen de satisfaire aux fantaisies de leur âge, et surtout de leur générosité. Les frères d'Urbain avaient le plaisir de l'employer à un usage si doux. Mais pour lui, sa pension ne lui passait presque jamais dans les mains, parce que son père la retenait, tantôt pour lui acheter des boutons de manches, un col, ou son chapeau qu'il avait égarés, tantôt pour lui faire détacher ses habits, et réparer leur désordre.

Une boucle d'argent est d'un certain prix. Ce n'était pas tout encore, il avait perdu celle de son camarade, et il fallait l'en dédommager tout de suite. Mais comment? ses pensions de la semaine n'auraient pu y suffire de plus de trois mois.

Heureusement son père lui avait fait apprendre à

écrire, et, pour me servir de l'expression commune, il avait une assez jolie main.

C'était le seul travail où il pût gagner quelque chose. Je dois convenir, à sa louange, qu'il se prêta de fort bonne grâce à l'arrangement qui lui fut proposé.

Le père de son ami était un avocat célèbre, qui donnait tous les jours un grand nombre de consultations. M. de Saint-André lui offrit de les faire mettre au net par Urbain, jusqu'à ce qu'il eût gagné de quoi payer la boucle de son ami, qu'il avait perdue.

Urbain passait les heures de ses récréations à copier des écrits de procédures fort ennuyeux, et tout griffonnés, tandis que ses frères allaient se promener à la campagne, ou qu'ils s'amusaient avec leurs camarades à jouer dans le jardin.

Oh! combien il soupira de son étourderie! et combien, dans un petit nombre de jours, elle lui fit perdre de plaisirs!

Il eut le temps de faire bien des réflexions sur lui-même, et de former, pour l'avenir, de bonnes résolutions, que son expérience lui a fait suivre fidèlement. Si je vous le montrais, mes chers amis, en voyant l'air de propreté qui règne aujourd'hui dans sa parure, et l'arrangement qu'il observe dans tout ce qui lui appartient, vous ne croiriez jamais que c'est la même personne dont je viens d'écrire l'histoire pour vous instruire, autant que pour vous amuser.

FIN.

TABLE.

Notice sur Berquin.   v
Le petit Frère.   9
Les quatre Saisons.   14
La Neige.   17
Amand.   22
Clémentine et Madelon.   25
Joseph.   38
Le Forgeron.   41
Le Secret du plaisir.   42
La Montre.   44
Les Buissons.   51
Le Soleil et la Lune.   54
Le Menteur corrigé par lui-même.   57
Le grand Jardin.   69
Jacquot.   71
Les Caquets.   85
Si les hommes ne te voient pas, Dieu te voit.   88
Les Maçons sur l'échelle.   93
Julien et Rosine.   95
Le Ramoneur.   95
Le Trictrac.   96
Le vieux Champagne.   103
Le Cep de vigne.   110
Les Oies sauvages.   112
Le Compliment de nouvelle année.   113
Les trois Gâteaux.   120

La Poule.	128
Les Bottes crottées.	129
Les Fraises et les Groseilles.	131
Le Cadeau.	133
La Rente du chapeau.	135
Maurice.	139
Denise et Antonin.	158
Les Bouquets.	160
L'amour de Dieu et de ses parents.	162
Le contre-temps utile.	164
Les Douceurs du travail.	165
Philippine et Maximin.	172
Pascal.	174
Les deux Pommiers.	182
Le Vieillard mendiant.	185
Mathilde.	189
La mauvaise Mère et le bon Fils.	190
Les avantages de la Médiocrité.	198
Le Duel.	211
Le temps perdu et regagné.	218
Le Fermier	221

FIN DE LA TABLE.

Limoges. — Imp. E. Ardant et Cⁱᵉ

www.ingramcontent.com/pod-product-compliance
Lightning Source LLC
Chambersburg PA
CBHW071928160426
43198CB00011B/1318